AF532797

Katalog zur Ausstellung

Dachauer Prozesse –
Verbrechen, Verfahren und Verantwortung

Dachauer Prozesse

Verbrechen, Verfahren und Verantwortung

Katalog zur Ausstellung
29. April 2022 – 31. Dezember 2024

Herausgegeben von
Christoph Thonfeld, Christian Schölzel und Percy Herrmann
unter Mitarbeit von Esther Lindenlauf
im Auftrag der KZ-Gedenkstätte Dachau.

(M) METROPOL

Der Katalog zur Sonderausstellung wurde vom Kulturreferat der Stadt München, von der Beauftragten der Bundesregierung für Kultur und Medien sowie vom Bayerischen Staatsministerium für Unterricht und Kultus finanziert.

Umschlagabbildung vorne:
Michael Pellis, ehemaliger Häftling des KZ Dachau
und Zeuge im Dachau-Hauptprozess, identifiziert den
Angeklagten Franz Böttger, November 1945
United States Holocaust Memorial Museum, Washington D.C.

Fotografien der Ausstellung:
Julia Schärdel, München, im Auftrag der KZ-Gedenkstätte Dachau.

ISBN: 978-3-86331-756-0

© 2024 Metropol Verlag
Ansbacher Straße 70
D–10777 Berlin
https://metropol-verlag.de/
Alle Rechte vorbehalten

Einbandgestaltung und Satz: Andreas Hollender, Köln
Druck: AALEXX Druck Produktion, Großburgwedel

Inhalt

Grußworte	9	Karl Freller
	11	Anton Biebl
	13	Andreas Franck
Zur Ausstellung	17	Editorial
	21	Zur Konzeption der Sonderausstellung
	25	Gestaltung
	29	Ermittler, Beweismittel, Prozessort: freistehende Objekte in der Sonderausstellung
	33	Alfred Edward Laurence (Geburtsname Alfred Eduard Lomnitz)
Ausstellungsteil	39	Vom Tatort zum Gerichtsort
	45	Andere Tatorte
	51	Rechtliche Grundlagen
	55	Die Ankläger
	61	Die Verteidiger
	67	Die Angeklagten
	73	Zeugen und Beweismittel
	77	Urteile und Vollstreckung
	81	Öffentlichkeit und Amnestiekampagne
	87	Juristische Aufarbeitung
Aufsätze	93	Die westdeutsche Strafjustiz und die im KZ Dachau begangenen Verbrechen
	103	Die Dachauer Prozesse im internationalen Kontext der strafrechtlichen Aufarbeitung von NS-Verbrechen durch die Alliierten
	112	Quellen
	116	Literatur
	120	Ausstellungsimpressum

Grußworte

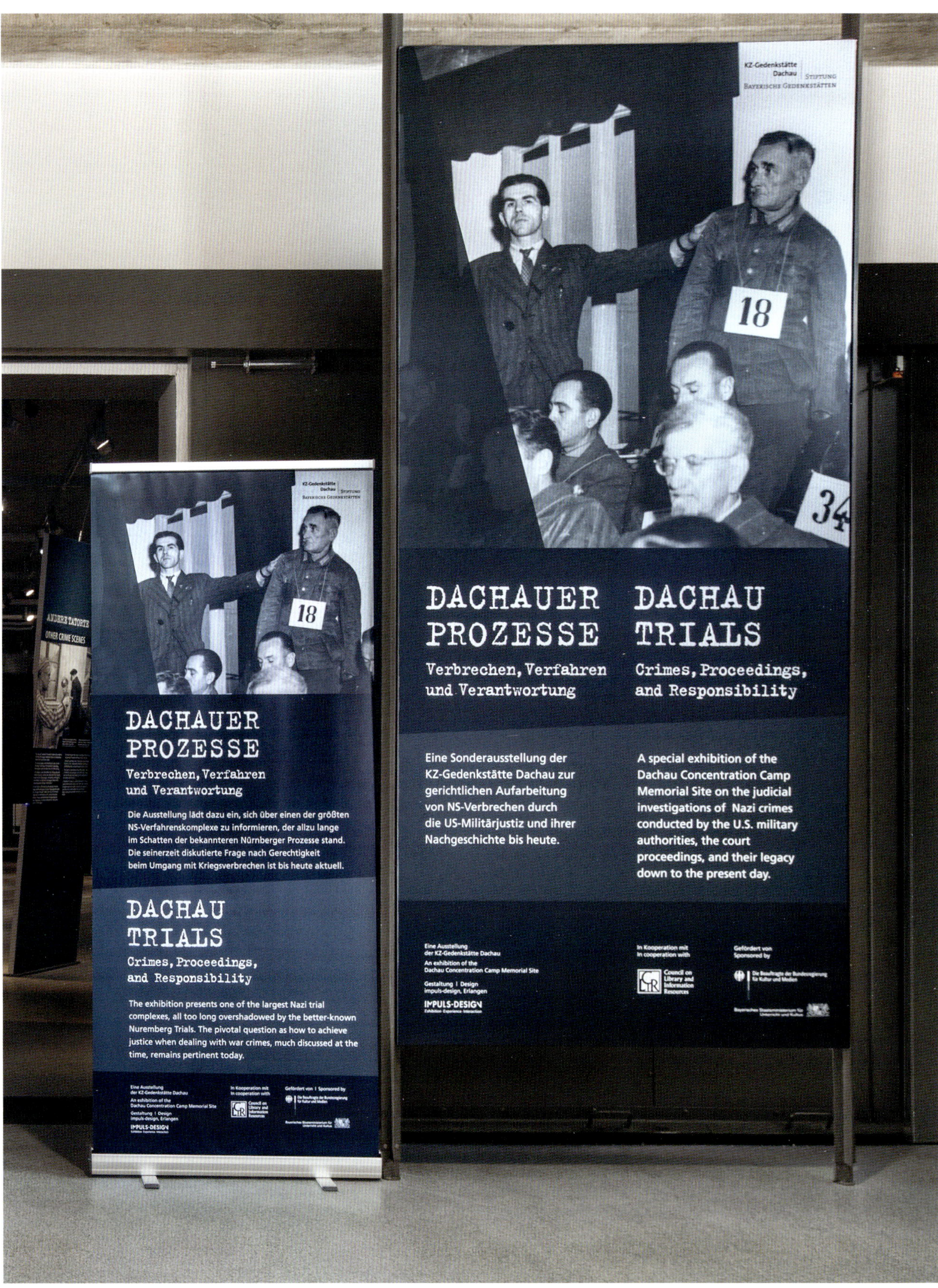
KZ-Gedenkstätte Dachau
Stiftung Bayerische Gedenkstätten
18
34
DACHAUER PROZESSE
Verbrechen, Verfahren und Verantwortung
DACHAU TRIALS
Crimes, Proceedings, and Responsibility
Eine Sonderausstellung der KZ-Gedenkstätte Dachau zur gerichtlichen Aufarbeitung von NS-Verbrechen durch die US-Militärjustiz und ihrer Nachgeschichte bis heute.
A special exhibition of the Dachau Concentration Camp Memorial Site on the judicial investigations of Nazi crimes conducted by the U.S. military authorities, the court proceedings, and their legacy down to the present day.
Eine Ausstellung der KZ-Gedenkstätte Dachau
An exhibition of the Dachau Concentration Camp Memorial Site
Gestaltung | Design
impuls-design, Erlangen
IMPULS-DESIGN
In Kooperation mit
In cooperation with
Council on Library and Information Resources
Gefördert von
Sponsored by
DACHAUER PROZESSE
Verbrechen, Verfahren und Verantwortung
Die Ausstellung lädt dazu ein, sich über einen der größten NS-Verfahrenskomplexe zu informieren, der allzu lange im Schatten der bekannteren Nürnberger Prozesse stand. Die seinerzeit diskutierte Frage nach Gerechtigkeit beim Umgang mit Kriegsverbrechen ist bis heute aktuell.
DACHAU TRIALS
Crimes, Proceedings, and Responsibility
The exhibition presents one of the largest Nazi trial complexes, all too long overshadowed by the better-known Nuremberg Trials. The pivotal question as how to achieve justice when dealing with war crimes, much discussed at the time, remains pertinent today.
ANDERE TATORTE
OTHER CRIME SCENES

Grußwort

Von 2009 bis 2011 sorgte der in München stattfindende Prozess gegen John Demjanjuk, Mitglied der Wachmannschaft des Vernichtungslagers Sobibor, für internationales Aufsehen. Im Juni 2022 verurteilte das Landgericht Neuruppin einen ehemaligen Wachmann des KZ Sachsenhausen wegen Beihilfe zum Mord. Diese Prozesse stehen in der Tradition der Gerichtsverfahren gegen die Verantwortlichen der NS-Verbrechen, die mit den Dachauer Prozessen 1945 begann und noch nicht abgeschlossen ist.

Auch wenn sie immer im Schatten der Nürnberger Prozesse standen, zählen die Dachauer Prozesse zu den bedeutendsten Kriegsverbrecherprozessen der Alliierten. Ihr zentrales historisches Gerichtsgebäude ist bis heute erhalten. Die Sonderausstellung in der KZ-Gedenkstätte Dachau „Dachauer Prozesse – Verbrechen, Verfahren und Verantwortung" lenkt den Blick auf ihre Bedeutung. Auch der vorliegende Katalog lässt ihnen eine zeitgemäße und angemessene Würdigung zukommen.

Die Alliierten hatten noch während des Krieges beschlossen, den Nationalsozialismus in Deutschland auch juristisch aufzuarbeiten: Täterinnen und Täter sollten gerecht bestraft und die Verbrechen gesühnt werden. In der breiten Öffentlichkeit fanden die Dachauer Prozesse auf Dauer wenig Beachtung oder wurden als „Siegerjustiz" diffamiert. Zudem weckten die Urteile den Eindruck, dass nun alle wahren Täterinnen und Täter bestraft worden seien – und sorgten so für ein Gefühl der Entlastung in der Bevölkerung.

Dies spiegelte sich in dem bald nach 1945 einsetzenden Unwillen der deutschen Gesellschaft wider, sich mit der eigenen Vergangenheit auseinanderzusetzen. Je länger Prozesse und Ahndungen dauerten, desto mehr wuchs das Ressentiment in der Öffentlichkeit. Der Ruf nach einem „Schlussstrich" wurde laut. In wechselnder Intensität ertönen bis heute derartige Rufe in Teilen der Gesellschaft, die sich nicht stetig mit der nationalsozialistischen Vergangenheit und den damaligen Gräueltaten konfrontiert sehen möchten. Aber gerade aktuell – mit dem weltweiten Anstieg von Extremismus und Antisemitismus – ist es wichtiger denn je, sich der eigenen Vergangenheit und der daraus erwachsenen Verantwortung bewusst zu sein.

Erinnerungsarbeit ist Präventionsarbeit; der damalige Beginn der juristischen Aufarbeitung der Vergangenheit, die Gerichtsverhandlungen und Anklagen gegen Verantwortliche der NS-Verbrechen haben das Gedenken an die Verbrechen der NS-Zeit beeinflusst und die Erinnerung daran zu einer gesamtgesellschaftlichen Aufgabe werden lassen. Die Dachauer Prozesse waren hierzu ein beachtenswerter Auftakt. Wir sind dankbar, mit der Sonderausstellung und dem Katalog an sie erinnern zu können.

Karl Freller,
Direktor der Stiftung Bayerische Gedenkstätten
Vizepräsident des Bayerischen Landtages

DIE ANKLA
THE PROSECU
How do perpetrators, victims
Wie erinnern Täter, Opf
und Zuschauer Verbrech

Grußwort

Bereits in den ersten Stunden nach der Befreiung des Konzentrationslagers Dachau halfen die Befreiten, mutig und in der Hoffnung auf baldige Gerechtigkeit, Täter zur Rechenschaft zu ziehen. So identifizierten sie für ihre US-amerikanischen Befreier SS-Männer beim Versuch, in gestreiften Häftlingsuniformen unterzutauchen. Dokumentiert ist dies in den weltbekannten Bildern und Videoaufnahmen der Befreiung des Konzentrationslagers Dachau, die für mich mit Worten nur schwer beschreibbar sind. Sie mahnen uns bis heute, die Verbrechen der nationalsozialistischen Gewaltherrschaft niemals in Vergessenheit geraten zu lassen.

Seit der Befreiung des Konzentrationslagers Dachau am 29. April 1945 dienten diese Fotografien und Videoaufnahmen zusammen mit NS-Dokumenten, Zeugenbefragungen und Vernehmungen der Täter auch als juristische Beweise, um die Verbrechen aufzuklären und öffentlich Recht zu sprechen. Als Gerichtsgebäude wurden Liegenschaften im SS-Bereich des ehemaligen Konzentrationslagers genutzt.

Der hauptsächliche Gerichtsaal der Dachauer Prozesse ist weitaus weniger bekannt als der Schwurgerichtssaal im Nürnberger Justizpalast, doch ist seine Geschichte nicht weniger bedeutsam. Der Bau, gelegen auf dem Gelände des ehemaligen SS-Ausbildungslagers im Konzentrationslager Dachau, ist der Öffentlichkeit bis heute kaum zugänglich. Seit den 1970er-Jahren wird das Gelände für die Ausbildung der Bayerischen Bereitschaftspolizei genutzt. Für die Beamtinnen und Beamten ist die Auseinandersetzung mit diesem Ort Teil ihrer Ausbildung.

In der Beschäftigung mit den Dachauer Verfahren begegnen wir Fragestellungen, die bis in die Gegenwart aktuell geblieben sind. Damals, in Ziegelbauten des Konzentrationslagers Dachau, verhandelten die Prozessbeteiligten etwa die Verantwortung des Einzelnen für den Betrieb eines Konzentrationslagers. Vergleichbare Urteile waren in der Bundesrepublik Deutschland als Folge eines Revisionsurteils des Bundesgerichtshofs im Februar 1969 jahrzehntelang nicht möglich. Weitere Tatbestände konnten wegen der langsamen Aufarbeitung und Verjährungsfristen oft nicht mehr juristisch verfolgt werden. Eine Wende brachte erst der Demjanjuk-Prozess im Jahr 2011.

Die Dachauer Prozesse waren in vieler Hinsicht beispielhaft: Sie offenbaren auch im Vergleich zu den Kriegsverbrecherprozessen in anderen Besatzungszonen den ausgeprägteren Anspruch, nicht nur Kriegsverbrechen, sondern die gesamten Gräueltaten während der Unrechtsherrschaft des Nationalsozialismus umfassend zu dokumentieren und juristisch aufzuarbeiten. Noch vor der Allgemeinen Erklärung der Menschenrechte durch die Vereinten Nationen am 10. Dezember 1948, lieferte die Rechtsprechung in den Dachauer Prozessen dem späteren, humanitären Völkerrecht wichtige Anknüpfungspunkte.

Bei der Auseinandersetzung mit den Verfahren, die bis 1948 auf dem Gelände des ehemaligen SS-Ausbildungslagers verhandelt wurden, blicken wir in historische Abgründe und auf Neuanfänge. Auf die Übernahme von Verantwortung und Amnestiekampagnen. Auf öffentliche Kritik reagierte die US-Militärverwaltung mehrfach mit der Umwandlung von Todesurteilen in Haftstrafen, auch um die Akzeptanz in der Bevölkerung zu erhöhen.

Die Urteile und Unterlagen der Dachauer Prozesse offenbaren bis heute Beweislast auch für die historische Verantwortung der Bundesrepublik Deutschland, die mir, als Kulturreferent der Landeshauptstadt München, als Jurist und als Demokrat, durch diesen Ausstellungskatalog noch einmal neu gewahr wurden.

Mein besonderer Dank und große Wertschätzung gelten den engagierten Angehörigen von Prozessbeteiligten, der KZ-Gedenkstätte Dachau und allen Mitarbeiterinnen und Mitarbeitern, die diese wichtige Ausstellung ermöglicht haben und sie in diesem Katalog dokumentieren und kommentieren. Ich freue mich, dass das Kulturreferat der Landeshauptstadt München ihre Arbeit und diese Publikation mit Fördermitteln unterstützen konnte.

Anton Biebl,
Kulturreferent der Landeshauptstadt München

Grußwort

Insgesamt 461 Verfahren mit 1912 Angeklagten und 1419 Verurteilungen zwischen 1945 und 1948, darunter 303 vollstreckte Todesstrafen – aber auch: hunderte Freisprüche, Amnestien und Verurteilungen zum Tode, die in zeitige Gefängnisstrafen umgewandelt wurden. Nein, der Vorwurf der damaligen deutschen Öffentlichkeit, die Dachauer Prozesse seien das Werk einer auf Rache sinnenden „Siegerjustiz" gewesen, trifft nicht zu. Und ja, gemessen an den rechtsstaatlichen Anforderungen, die das Strafprozessrecht der Bundesrepublik Deutschland aufstellt, gab es rückschauend auch Defizite. Etwa bei der Frage nach der gesetzlichen Grundlage für die ausgesprochenen Strafen. Mit der Haager Landkriegsordnung von 1907 sowie mit der Genfer Kriegsgefangenenkonvention von 1929 gab es zwar einen normativen Rahmen, der eine Haftung für Kriegsverbrechen vorsah, allerdings fehlten verbindliche, im Voraus ausformulierte Vorgaben, mit welchen konkreten Sanktionen – von Freiheitsstrafen bis hin zu Todesstrafen – NS-Verbrechen zu ahnden seien.

Und doch setzten die Dachauer Prozesse Maßstäbe, die bis heute fortwirken. Das gilt etwa in tatsächlicher Hinsicht für das erklärte Ziel, neben den Eliten des „Dritten Reichs", über die vor allem in Nürnberg gerichtet wurde, auch die mittlere und untere Ebene der NS-Hierarchie zur Rechenschaft zu ziehen.

In rechtlicher Hinsicht wandten Richter und Staatsanwälte die anglo-amerikanische Rechtsfigur des Common Design an, welche die Beweisführung deutlich vereinfachte. Danach machte sich als Täterin bzw. Täter grundsätzlich schuldig, wer beim Betrieb eines Konzentrationslagers mitwirkte – ganz gleich in welcher Funktion und unabhängig davon, ob die Täterin bzw. der Täter bei den einzelnen Tötungshandlungen anwesend war. Erst 70 Jahre später, in seinen Entscheidungen zu Personen, die in Vernichtungslagern Hilfsdienste verrichteten, – etwa zu SS-Unterscharführer Oskar Gröning im KZ Auschwitz – sah der Bundesgerichtshof es erneut als ausreichend an, dass Hilfskräfte in den Vernichtungslagern als „willige und gehorsame Untergebene" der „industriellen Tötungsmaschinerie" zur Verfügung gestanden und damit das Gesamtvorhaben der Ermordung der europäischen Juden gefördert hätten.

Darum ist es richtig und wichtig, dass die Dachauer Prozesse mit der Sonderausstellung und dem vorliegenden Katalog dazu retrospektiv aus dem Schatten der Kriegsverbrecherverfahren in Nürnberg treten.

Andreas Franck,
Oberstaatsanwalts bei der Staatsanwaltschaft
am Landgericht München II
Der Zentrale Antisemitismusbeauftragte
der Bayerischen Justiz

Zur Ausstellung

Editorial

Die Dachauer Prozesse als wichtiger Teil des US War Crimes Program endeten 1948, also vor 75 Jahren. Dies nahm die KZ-Gedenkstätte Dachau zum Anlass, eine Sonderausstellung zu konzipieren, die sich einerseits auf dieses zentrale Kapitel der justiziellen Ahndung der Verbrechen in den Konzentrationslagern in der unmittelbaren Nachkriegszeit fokussierte und andererseits die Unterschiede und Nachwirkungen zur gegenwärtigen Strafverfolgung der Verantwortlichen der NS-Konzentrationslager aufzeigte.

Im Rahmen der Dachauer Prozesse fanden insgesamt 461 Militärgerichtsverfahren gegen 1912 Angeklagte statt. Angesichts der Rolle des KZ Dachau als einem der ersten Konzentrationslager und dem einzigen, das durchgängig bis zum Zusammenbruch der nationalsozialistischen Diktatur 1945 existierte, war dies ein hochsymbolischer Akt.[1]

Die Angeklagten wurden wegen der Beteiligung an einem verbrecherischen „gemeinschaftlichen Vorhaben" (Common Design) verurteilt. Demnach trugen sie als Akteure und Akteurinnen auf allen Ebenen eine Mitverantwortung für das System in den Konzentrationslagern, welches auf Demütigung, Ausbeutung, Folter und Mord der Häftlinge basierte. Die bundesdeutsche Rechtsprechung forderte hingegen jahrzehntelang Einzelnachweise der begangenen Taten. Bei der Beweiswürdigung ließ sie für die Angeklagten den sogenannten Befehlsnotstand gelten.

Das Internierungslager Dachau befand sich von Juli 1945 bis Ende August 1948 auf dem Gelände des früheren Konzentrationslagers und stand in engem Zusammenhang mit den Dachauer Prozessen. Es wurde zunächst vom Counter Intelligence Corps (CIC), dem Spionageabwehrkorps der US-Armee, geführt.

Das Internierungslager bestand aus mehreren Teilbereichen: einem War Crimes Enclosure, einem SS-Compound und einem Kriegsgefangenenlager. Überprüfungskommandos der Dachauer Abteilung zur gerichtlichen Verhandlung der Kriegsverbrechen, die dem Hauptquartier der US-Armee in Europa (United States Forces European Theater = USFET), beziehungsweise der 7708 War Crimes Group unterstanden, führten in allen Lagerteilen Vernehmungen durch.

Nach einem Abgleich mit dem Central Registry of War Criminals and Security Suspects (CROWCASS), das unablässig erweitert wurde, entschieden die Überprüfungskommandos, welche der schwer belasteten NS-Tatverdächtigen angeklagt werden sollten. Im War Crimes Enclosure hielt die amerikanische Lagerleitung vor allem Gefangene fest, die mutmaßlich besonders schwere Kriegsverbrechen begangen hatten. Neben KZ-Wachverbänden befanden sich dort Angehörige des Generalstabs der Wehrmacht, der Waffen-SS sowie der SS-Division „Das Reich", verantwortlich für das Massaker an der Zivilbevölkerung im französischen Oradour-sur-Glane, und der „Leibstandarte SS Adolf Hitler", die bei Malmedy im belgischen Grenzgebiet amerikanische Kriegsgefangene ermordet hatte. In diesem Lagerteil wurden Tatverdächtige weiterer schwerer Besatzungsverbrechen festgehalten, so vor allem Mitglieder der Ordnungspolizei, aber auch Angehörige der Schutzpolizei, der Gestapo und der Wehrmacht, die im tschechischen Lidice im Juni 1942 173 Männer erschossen hatten und Frauen sowie Kinder des Ortes in Konzentrationslager deportieren ließen.

Nachdem das Gelände in Dachau zum zentralen Kriegsverbrecherlager in der US-Zone bestimmt worden war, ließ die Lagerleitung im Juli 1946 den Bereich erheblich erweitern. Mitte 1948 erklärten die Amerikaner das Programm zur Bestrafung von Kriegsverbrechen für beendet. Die Ausstellung zeigt, dass dies nicht nur eine Folge des sich verschärfenden „Kalten Krieges" war, sondern auch mit der zunehmend kritischen öffentlichen Wahrnehmung der

1 Nikolaus Wachsmann, KL. Die Geschichte der nationalsozialistischen Konzentrationslager, München 2016, S. 699; Gabriele Hammermann, Das Internierungslager Dachau 1945–1948, in: Wolfgang Benz/Barbara Distel (Hrsg.), Dachauer Hefte. Studien und Dokumente zur Geschichte der nationalsozialistischen Konzentrationslager, Zwischen Befreiung und Verdrängung, Bd. 19, Dachau 2003, S. 48–70.

Prozesse durch die deutsche und amerikanische Öffentlichkeit in Zusammenhang stand.

Die Dachauer Prozesse fanden deutlich weniger Aufmerksamkeit als das Verfahren gegen die 24 Angeklagten vor dem Internationalen Militärtribunal gegen die Hauptkriegsverbrecher in Nürnberg und die Nürnberger Nachfolgeprozesse. Wie die Ausstellung belegt, kam den Dachauer Verfahren gleichwohl eine erhebliche gesellschaftspolitische Brisanz zu. Es lag durchaus in der Absicht der US-Militärregierung, die deutsche Nachkriegsgesellschaft mit Schuld und Verantwortung zu konfrontieren. Schließlich standen nicht nur die Kommandanten, sondern in besonderem Maße auch die mittleren und unteren Leitungsebenen der Konzentrationslager Dachau, Flossenbürg, Mauthausen, Buchenwald, Mittelbau-Dora und des Dachauer Außenlagerkomplexes Mühldorf im Fokus der Verfahren.[2]

Die Sonderausstellung verweist außerdem auf das zentrale ehemalige Prozessgebäude, das die Zeit nahezu unverändert überdauert hat. Der nordwestlich des früheren Krematoriumsbereichs gelegene Bau, in dem US-amerikanische Militärgerichte von November 1945 bis Dezember 1947 über die Schuld der Angeklagten urteilten, befindet sich auf dem heutigen Gelände der Bayerischen Bereitschaftspolizei. Als Ort der Konzentrationslagerprozesse, der sogenannten Fliegerprozesse, des Malmedy-Prozesses sowie weiterer Verfahren und aufgrund seines guten Erhaltungszustands kommt dem Bau ein hoher Denkmalwert zu. So befinden sich in einem Raum noch wichtige Relikte, wie etwa eine große, mit Ölfarbe aufgetragene Wandkarte des NS-Lagersystems.

Die KZ-Gedenkstätte Dachau befindet sich am Beginn einer langfristig angelegten und umfassenden Neukonzeption. Um das Gelände weiterhin als einen internationalen Erinnerungsort zu bewahren und heterogenen Zielgruppen wie auch den hohen Besucherzahlen gerecht zu werden, plant die Gedenkstätte, in den Ausstellungen eine Perspektive auf Geschichte zu vermitteln, die – unter Einbeziehung der historischen Gebäude von der Frühphase des Lagers bis zur juristischen Aufarbeitung in der Nachkriegszeit – neue Schwerpunkte setzt. Das Prozessgebäude als ein Ort der rechtsstaatlichen Auseinandersetzung mit den Verbrechen in den nationalsozialistischen Konzentrationslagern soll dabei in den Erinnerungsraum der KZ-Gedenkstätte Dachau integriert werden und in der historisch-politischen Ausstellungstätigkeit und Bildungsarbeit künftig eine angemessene Rolle spielen.[3]

Großer Dank gilt allen, die diese Ausstellung ermöglicht haben, an erster Stelle den Geldgebern: Finanziert wurde die Sonderausstellung überwiegend durch Zuwendungen des Freistaats Bayern, also des Staatsministeriums für Unterricht und Kultus sowie der Stiftung Bayerische Gedenkstätten und der Beauftragten der Bundesregierung für Kultur und Medien. Dank der Vermittlung des US-amerikanischen Generalkonsulats in München konnte durch den Council on Library and Information Resources, Alexandria, VA (USA) im Kontext des Projekts ein wichtiges Quellenkonvolut erworben und der Gedenkstätte übergeben werden. Das Kulturreferat der Stadt München hat die Kosten für Grafik und Druck dieses Katalogs getragen.

Die Herausgeber danken allen Autorinnen und Autoren für ihre anregenden Aufsätze und die gute Zusammenarbeit. Für das Lektorat sind wir Herrn Boris Heczko, für die englische Übersetzung Herrn Paul Bowman zu Dank verpflichtet.

Der Projektleiter der Ausstellung, Dr. habil. Christoph Thonfeld, führt in die Konzeption der Sonderausstellung ein, die sich schwerpunktmäßig auf den ersten Prozess, den sogenannten Parent Case, konzentriert. Angeklagt waren „Direkttäter", die für das Funktionieren des KZ-Systems und die grausamen Haftbedingungen der Lagerinsassen verantwortlich waren. Thonfeld zeigt die rechtlichen Grundlagen der Prozesse auf, ausgehend von den Vereinbarungen der Alliierten, die bereits während des Kriegs getroffen wurden, und beleuchtet einen wichtigen Aspekt der Ausstellung, nämlich das Zurechnen von

2 Robert Sigel, Im Interesse der Gerechtigkeit. Die Dachauer Kriegsverbrecherprozesse 1945–1948, Frankfurt a. M./New York 1992; Ludwig Eiber/Robert Sigel (Hrsg.), Dachauer Prozesse. NS-Verbrechen vor amerikanischen Militärgerichten in Dachau 1945–1948. Verfahren, Ergebnisse, Nachwirkungen (Dachauer Symposien zur Zeitgeschichte, Bd. 7), Göttingen 2007.

3 Wachsmann, KL, S. 705; Michael Bryant, Die US-amerikanischen Militärgerichtsprozesse gegen SS-Personal, Ärzte und Kapos des KZ Dachau 1945–1948, in: Eiber/Sigel (Hrsg.), Dachauer Prozesse, S. 109–125, hier S. 109–113.

Verantwortung im Spannungsfeld der verschiedenen Akteursgruppen.

Auf das historische Gebäude hat die Ausstellung an verschiedenen Stellen Bezug genommen: durch den Einführungsfilm, durch Pläne und die große Beamer-Projektion eines historischen Fotos des Gerichtssaals. Der Projektkoordinator der Ausstellung, Dr. Christian Schölzel, geht in seinem Katalogbeitrag auf die Ausstellungsgestaltung ein und schildert die zentralen Elemente der Inszenierung. Im Fokus stehen die Auseinandersetzungen und Kontroversen im Bezug auf die Prozessbeteiligten sowie die Massen des in den Prozessen zu bewältigenden Aktenmaterials als Sinnbild der unzähligen Verbrechen in den Konzentrationslagern. Das Design der Ausstellung wurde von der Impuls-Design GmbH, Erlangen entworfen, die in der Umsetzung szenografisch wie auch grafisch überzeugende Lösungen gefunden hat.

Percy Herrmann – der zusammen mit Timm C. Richter für die umfassenden wissenschaftlichen Recherchen in zahlreichen internationalen Archiven und privaten Nachlässen verantwortlich war – beschreibt die Bedeutung und Funktion der herausgehobenen Objekte in der Ausstellung.

Dr. Wolfgang Form ordnet die Dachauer Prozesse in den internationalen Kontext der justiziellen Ahndung der NS-Verbrechen in der Nachkriegszeit ein. Dabei behandelt er die noch während des Kriegs von den Alliierten geschlossenen Vereinbarungen zur Bestrafung der Kriegsverbrechen und analysiert die Rechtsgrundlagen für die US-Militärgerichtsprozesse in Dachau.

Der Aufsatz von Dr. Edith Raim fokussiert sich auf die westdeutschen Ermittlungsverfahren und Prozesse zum KZ Dachau seit 1949. Sie unterteilt die Verfolgung von NS-Verbrechen in verschiedene Perioden. Die meisten Verfahren wurden vor 1960 geführt und konzentrierten sich auf den Kommandanturstab des Stammlagers, während Verbrechen in den Außenlagern nur selten behandelt wurden.

Insgesamt lässt sich festhalten, dass die geleistete Aufarbeitung im Rahmen der Dachauer US-Militärgerichtsprozesse und ihrer fast 3500 Ermittlungsverfahren enorm war. Auch nach über 70 Jahren stellen die dabei entstandenen Unterlagen unverzichtbare Quellenbestände dar. Sie sind für nahezu jedes Thema zur Geschichte des KZ Dachau relevant. Im Rahmen eines Digitalisierungsprojektes der KZ-Gedenkstätte Dachau werden diese dauerhaft bewahrt und weiteren Forschungen besser zugänglich gemacht.

Dr. Gabriele Hammermann,
Leiterin der KZ-Gedenkstätte Dachau

RECHTLICHE GRUNDLAGEN
LEGAL FOUNDATIONS

Zur Konzeption der Sonderausstellung

Einleitung

Während der „Nürnberger Prozess" gegen die Hauptkriegsverbrecher mittlerweile ein globaler Erinnerungsort[1] geworden ist und dessen zwölf Nachfolgeprozesse zumindest einer interessierten Öffentlichkeit geläufig sind, fristen die Dachauer Prozesse bislang weiterhin ein Schattendasein. Mit dieser Sonderausstellung sollten sie als historisches Geschehen aus dem weitgehenden Vergessen zurückgeholt, der Öffentlichkeit in zeitgemäßer Form nahegebracht und somit angemessen gewürdigt werden. Gleichzeitig sollte auch den Menschen, die nach zwölf Jahren NS-Herrschaft und Konzentrationslagern die Verbrechen bezeugten und nach Gerechtigkeit suchten – und hier vor allem den Überlebenden des KZ Dachau – eine nachhaltige Stimme gegeben werden. Beides sind dringliche Aufträge der KZ-Gedenkstätte Dachau, die sich am historischen Ort der KZ-Verbrechen und in unmittelbarer Nachbarschaft der Stätten ihrer Aufarbeitung befindet. Die Sonderausstellung sollte zudem für das wichtige Anliegen der KZ-Gedenkstätte, die ehemaligen Prozessgebäude in das Gedenkstättenareal einzubeziehen, Öffentlichkeit herstellen und inhaltliche Vorbereitungen für deren langfristige Nutzung leisten.

Dachau besitzt insofern ein Alleinstellungsmerkmal, als die von 1942–45 im KZ Dachau begangenen Verbrechen direkt vor Ort juristisch geahndet wurden und die Örtlichkeiten dieser Verhandlungen noch existent sind. Diese Orte, die trotz mehrfacher Umnutzung und baulicher Veränderungen noch historische Authentizität besitzen, wurden zumindest thematisch in die Ausstellung einbezogen, auch wenn dies räumlich leider nicht möglich war.

1 Zum Konzept des Erinnerungsorts vgl. Pierre Nora, Between Memory and History: Les Lieux de Mémoire, in: Representations, Sonderheft: Memory and Counter-Memory 26 (1989), S. 7–24.

Inhaltliche und konzeptionelle Ausrichtung

Zu den Verfahren gegen Angehörige des Personals des KZ Dachau und der Außenlagerkomplexe Kaufering und Mühldorf, die den Schwerpunkt der Ausstellung bilden, konnte mit Abstand das meiste Material (Dokumente und Artefakte) aus den Beständen des United States Holocaust Memorial Museum (USHMM) und der National Archives and Records Administration (NARA), beides in Washington, gesichtet werden. Diese Prozesse entwickelten sich in der Folge zum Schwerpunkt der Ausstellung. Orientierungspunkt sollte dabei die Aushandlung der Zurechenbarkeit kollektiver und individueller Schuld und Verantwortung der Angeklagten durch alle Prozessbeteiligten sein. In der Ausstellung wurde einschlägig auf die Gebäude, in denen die Prozesse stattfanden und die Angeklagten interniert waren, beziehungsweise deren noch vorhandene historische Spuren, Bezug genommen. Dies geschah besonders durch den Einführungsfilm, den Übersichtsplan des ehemaligen Lagergeländes von 1946, der das Hauptexponat der ersten Station der Ausstellung war sowie die Originaltür aus dem ehemaligen Hauptgerichtsgebäude am Ende des Sonderausstellungsraums. Der Funktionswandel des Stammlagerkomplexes Dachau vom Konzentrationslager zum Internierungslager und zum Sitz der Militärgerichte bildete den räumlichen Ausgangspunkt. Der erste Teil der Sonderausstellung sollte ein Verständnis der räumlichen Überschneidungen und Trennungen zwischen dem KZ, dem Internierungslager und den Prozessstätten vermitteln.

Schlaglichtartig wurde auch auf die Verfahren zu Verbrechen in den Konzentrationslagern Buchenwald, Flossenbürg, Mauthausen und Mittelbau-Dora und zu anderen Verbrechenskontexten, die in Dachau verhandelt wurden, eingegangen. Hier ging es weniger um eine systematische Darstellung aller Verfahren als darum, den Gesamtzusammenhang „Dachauer Prozesse" aufzuzeigen. Im Fokus der strafrechtlichen Aufarbeitung in Dachau standen die Verfahren zu den Verbrechen in den oben genannten

Konzentrationslagern wie auch Verbrechen an amerikanischen und alliierten Kriegsgefangenen und Zivilpersonen. In dieser Sonderausstellung wurden sie mit einem Exponat und einigen Fotos und Dokumenten beispielhaft repräsentiert, ohne den inhaltlichen Hauptstrang der Präsentation zu überlagern.

Die rechtlichen Grundlagen bildeten die Basis der Verfahren und stellten damit die inhaltliche Klammer der Ausstellung dar, die die räumlichen und zeitlichen Fluchtpunkte des Konzepts zusammenband. In der Ausstellung wurden zum einen interalliierte Übereinkünfte behandelt, die auch die Grundlage der Nürnberger Prozesse bildeten. Zum anderen wurde auf die spezifische amerikanische Vorbereitung des War Crimes Program eingegangen, die die Dachauer Prozesse ermöglichte. Daneben wurden auch die Unvereinbarkeiten des anglo-amerikanischen und des deutschen Straf(prozess)rechts diskutiert. Insbesondere das Common Design (gemeinschaftliches kriminelles Vorhaben), das die strafrechtliche Verantwortung Einzelner für die wissentliche und willentliche Teilnahme an kollektiven Verbrechenszusammenhängen betonte, widersprach der deutschen Rechtstradition, die eine Zerlegung von Kollektivtaten in einzelne, den Angeklagten schuldhaft zurechenbare Teilhandlungen erforderte.

Im Spannungsfeld dieser Kernelemente entstanden die Bezüge zwischen den zentralen Akteursgruppen der Prozesse, deren Interaktionen jeweils durch Gegenüberstellungen zusammengebracht wurden. Die Ankläger sahen sich mit der Herausforderung konfrontiert, in sehr kurzer Zeit Ermittlungen zu einer Vielzahl von Verbrechen und Zehntausenden von Tatverdächtigen zur Verfahrensreife zu bringen. Dabei stützten sie ihre Anklageschriften auf die Ermittlungen der War Crimes Investigation Teams und die Aussagen sowie Beweismittel, die sie von den Überlebenden erhielten.

Ihnen gegenübergestellt waren die Verteidiger, die zwar Angehörige der US-Armee waren, aber jetzt die Aufgabe hatten, die Rechte der Besiegten vor Gericht zu vertreten. In manchen Verfahren traten ihnen auf Wunsch der Angeklagten zudem deutsche Rechtsbeistände an die Seite. Die Verteidigung sollte in der Ausstellung bewusst als eigene Gruppe sichtbar gemacht werden, die keineswegs als Teil eines Kollektivs siegreicher Offiziere agierte. Zum einen griffen die Verteidiger auf Argumentationsfiguren des deutschen Strafrechts zurück, womit sie den rechtlich hybriden Charakter der Verfahren belegten. Zum anderen gingen sie zugunsten ihrer Mandanten und Mandantinnen zum Teil deutlich über einen „Dienst nach Vorschrift" hinaus. Bei der Wahrnehmung der deutschen Verbrechen zeigten sich auch Differenzen zwischen Kriegsteilnehmern und erst nach dem 8. Mai 1945 nach Deutschland entsandten Armeeangehörigen.

Die Angeklagten waren eine weitere zentrale Akteursgruppe, die sich in der Regel jeglichen Schuldzuweisungen und individueller Übernahme von Verantwortung verweigerte. Mit dem weitgefassten Profil der Angeklagten vom Kommandanten bis zum Hilfswachmann drangen die Dachauer Prozesse stärker in die Breite der deutschen Gesellschaft vor als die Nürnberger Verfahren und konfrontierten viele Menschen mit der Frage einer eigenen (Mit-) Verantwortung für die NS-Verbrechen. Dies hat Robert Sigel, ein Pionier der Forschung zu den Dachauer Prozessen, zu Recht als eines ihrer wesentlichen Charakteristika bezeichnet.[2]

Den Angeklagten scharf entgegengesetzt waren die Zeuginnen und Zeugen, sofern diese Überlebende der Konzentrationslager waren, die jetzt ihren Beitrag zur strafrechtlichen Aufarbeitung der Verbrechen leisteten. Sie beharrten aus ihrer leidvollen Erfahrung heraus auf der Zuweisung von Verantwortung und Schuld an die Angeklagten. Die bedeutsame Rolle der Zeuginnen bzw. Zeugen für das Zustandekommen und die Durchführung der Dachauer Prozesse sollte an dem Ort, der ihrem Gedenken gewidmet ist, speziell gewürdigt werden.

Die gesprochenen Urteile und deren Vollstreckung leiteten in den Ausstellungsbereich zur Wirkung der Verfahren über. In der Forschungsliteratur wird darauf verwiesen, dass es bei den Dachauer Prozessen im Laufe der Zeit mehr Freisprüche gab und Strafhöhe sowie Zahl der Todesurteile tendenziell abnahmen.[3] Begründet wird das mit der wachsenden zeitlichen Entfernung von den schockierenden Eindrücken der Befreiung der Lager und dem politischen

2 Vgl. Süddeutsche Zeitung, Nr. 287, 11.12.2020, Interview mit Robert Sigel, „Die Aufklärung über die verbrecherische Vergangenheit ist misslungen", R2 (München).

3 Vgl. Bryant, Militärgerichtsprozesse, S. 121.

Wandel im Zuge des beginnenden Kalten Kriegs, der die Haltung der Besatzungsmächte gegenüber Deutschland veränderte. Dass diese Entwicklung nicht geradlinig und widerspruchsfrei verlief, lag an der Dynamik, die im Prozessgeschehen und zwischen den daran Beteiligten entstand.

Anhand der nationalen und internationalen Medienberichte über die Dachauer Prozesse wurde nachvollzogen, welche unterschiedlichen Akzente in den jeweiligen Öffentlichkeiten gesetzt wurden. Besonders seit 1948 vertrat die Presse beiderseits des Atlantiks zunehmend die Anliegen einer Amnestiekampagne für die in den Dachauer Prozessen Verurteilten. Die in der Öffentlichkeit wahrgenommene selektive Auswahl der Beschuldigten und Uneinheitlichkeit der Urteile führte dazu, dass die Schuld der Angeklagten pauschal angezweifelt wurde.[4]

Die Ausstellung bot auch eine zeitliche Orientierung anhand der Marksteine der bundesdeutschen Rechtsprechung in Verfahren wegen nationalsozialistischer Gewaltverbrechen bis in die Gegenwart, wobei besonders die Rechtsfigur des Common Design für Kontroversen sorgte. Die bundesdeutsche Rechtsprechung nach 1949 ging hier zunächst uneinheitlich vor. Bei Angeklagten wegen Beihilfe zum Mord in Vernichtungslagern wurden teilweise Schuldsprüche ohne Einzeltatnachweis gefällt, wie im Verfahren des Landgerichts Hagen 1966 gegen Alfred Ittner, der im Vernichtungslager Sobibor nachweislich nur mit Verwaltungsaufgaben betraut gewesen war. Diese Praxis endete 1969 mit dem Urteil des Bundesgerichtshofs (BGH) gegen den „Zahnarzt von Auschwitz", Willi Schatz. Der BGH bestätigte dabei dessen Freispruch durch das Landgericht Frankfurt am Main, das in der allein als erwiesen geltenden zahnmedizinischen Versorgung des Lagerpersonals keine strafrechtlich relevante Mitwirkung am Gesamtbetrieb des Lagers erkannte. Am Beispiel des Verfahrens von 2015 gegen den „Buchhalter von Auschwitz", den ehemaligen SS-Unterscharführer Oskar Gröning, thematisierte die Sonderausstellung auch Entwicklungen der jüngsten Rechtsprechung in Deutschland. Mit der Bestätigung des Urteils gegen Gröning billigte der Bundesgerichtshof 2016 zumindest teilweise wieder eine weiter gefasste Interpretation des Tatbestands der Beihilfe zum Mord in den NS-Konzentrations- und Vernichtungslagern. Dies stellt einen Rückbezug zur Anklage in den Dachauer Prozessen her. Außerdem zeigt es das andauernde juristische Spannungsfeld zwischen der Ahndung kollektiver Täterschaft und schuldhafter individueller Beteiligung.

4 Vgl. Sigel, Interesse, S. 195.

Fazit

In welchem erinnerungsgeschichtlichen Verhältnis stehen die Dachauer Prozesse und die Gründung der KZ-Gedenkstätte Dachau zueinander? Bei aller Bedeutung der Verfahren führt kein direkter Weg von den Dachauer Prozessen zur Gründung der KZ-Gedenkstätte. Eine solche These könnte aus der Betrachtung der Lebensgeschichte von Ruth Jakusch (geb. Eisenberg) fälschlicherweise abgeleitet werden. Ruth Eisenberg floh als jüdische Verfolgte aus dem Deutschen Reich. Sie kehrte nach Kriegsende nach Deutschland zurück und nahm in Dachau als Dolmetscherin an den Prozessen teil. Nach ihrer Heirat mit dem Dachau-Überlebenden Hugo Jakusch wurde sie erste Leiterin der KZ-Gedenkstätte Dachau. Trotz dieser biografischen Verknüpfung wäre es allerdings verfehlt, darin eine zwingende Verbindung zwischen Prozessgeschehen und Gedenkstättengründung sehen zu wollen. Für die Gründung der Gedenkstätte gaben das Wirken von Opferorganisationen, insbesondere des Comité International de Dachau, sowie einzelner prominenter Überlebender und deren beharrliches Verhandeln im politischen Raum die entscheidenden Impulse.

Die Sonderausstellung „Dachauer Prozesse" erweiterte das Profil der KZ-Gedenkstätte dauerhaft um den wesentlichen Aspekt der strafrechtlichen Verfolgung von NS-Verbrechen. Dies wurde in inhaltlicher, baulicher und öffentlich darstellender Form einem breiteren Publikum vermittelt. Auch bot die Ausstellung ein Forum, die Prozesse mit unmittelbarem Ortsbezug aufzugreifen und ihrer Geschichte mit größerer Tiefenschärfe nachzugehen, als das im Rahmen der Dauerausstellung der Gedenkstätte bisher der Fall war.

Dr. habil. Christoph Thonfeld,
Leiter der wissenschaftlichen Abteilung der
KZ-Gedenkstätte Dachau

EXIT
URTEILE UND
VOLLSTRECKUNG
VERDICTS
AND THEIR ENFORCEMENT

Gestaltung

Wie kann eine Ausstellung zum Thema der Dachauer Prozesse gestalterisch umgesetzt werden?

Vor diese Frage sah sich das Kuratoren-Team der KZ-Gedenkstätte Dachau gestellt. Zusammen mit dem Gestaltungsbüro Impuls-Design, Erlangen, sollten hierauf Antworten gefunden werden. Als externer Ideengeber konnte überdies Prof. Hans Wilderotter gewonnen werden. Seine jahrzehntelange internationale Erfahrung als Kurator sollte sich als hilfreich erweisen.

Die KZ-Gedenkstätte Dachau verfügt über einen Raum für Wechselausstellungen. Dieser befindet sich zwar in einem Gebäude aus der KZ-Zeit, doch aufgrund seiner Überformungen aus den 1960er-Jahren wird kaum erkennbar, dass man sich hier am Ort eines ehemaligen Konzentrationslagers befindet.

Die Wechselausstellung wurde nicht in dem Gebäude gezeigt, in dem die meisten Prozesse stattfanden. Die Gedenkstätte grenzt an das Gelände der Bayerischen Bereitschaftspolizei. Hier befindet sich der einstige Gerichtssaal, der gegenwärtig als Abstellraum genutzt wird. Der Bezug zwischen dem Ausstellungsort und dem nahegelegenen Ort des historischen Geschehens wurde mittels einer Inszenierung erzeugt: Durch ein Blow-up wurde die historische Situation des Gerichtssaals im Ausstellungsraum repliziert. Diese Fläche an der Rückwand, die kontrapunktisch gegenüber dem Eingangsbereich positioniert war, sollte allerdings nicht den Endpunkt der Ausstellung darstellen. Die Dachauer Verfahren waren wichtig, stellten aber keinen Endpunkt der rechtlichen Auseinandersetzung mit den NS-Verbrechen dar. Diesem Gedanken folgend wurde das Bildmotiv des Blow-ups verschwommen wiedergegeben. Es diente zugleich als Projektionsfläche von Fragen, deren Zielrichtung dazu anregen sollte, die Dachauer Prozesse nicht nur als einmaliges historisches Ereignis zu begreifen. Die hier angeschnittenen Fragestellungen nach Gerechtigkeit oder Erinnerung wiesen über die Verfahren hinaus und vermochten auch das Nachdenken über Gegenwart und Zukunft anzustoßen.

Der deutsch-israelische Historiker Dan Diner schrieb einmal: „Der Kontingenz und der Pluralität der historischen Erfahrungen zu ihrem Recht zu verhelfen, ist ein durchaus emanzipatorischer Auftrag."[1]

Was bedeutet dies in Hinblick auf die Dachauer Prozesse?

Die Angehörigen der US-Armee fanden bereits vor Erreichen des Konzentrationslagers Dachau eine apokalyptische Situation vor, denkt man etwa an die Leichenberge im sogenannten „Todeszug aus Buchenwald". Selbst für die Truppenangehörigen mit Fronterfahrung stellten die sichtbaren Gräuel im befreiten Hauptlager und dessen Umgebung fast alles bisher Gesehene in den Schatten.

Zu der Verunsicherung über die Gräuel kam noch eine weitere: Auf welcher Rechtsgrundlage, mit welchen Verfahrensweisen und durch wen genau waren derartige Massenverbrechen zu untersuchen und zu beurteilen?

Hierzu waren bereits während des Krieges unter den Alliierten wie auch in Kreisen der aus dem nationalsozialistischen Deutschland Geflohenen vielfältige Überlegungen angestellt worden. Konnte Recht Anwendung finden, welches zum Zeitpunkt des Verbrechens noch nicht kodifiziert war, und wie sah es mit der Heranziehung allgemein-menschlicher, allgemeiner humanistischer Maßstäbe aus?

Die Befreier standen vor zahlreichen weiteren Herausforderungen. Wie war das NS-System mit seiner Vielzahl an Einrichtungen und Organen von Staat und Partei aufgebaut gewesen? Welche Lagerüberlebenden konnten als Zeuginnen und Zeugen herangezogen werden?

Vernehmungen und Anhörungen im Prozessgeschehen warfen zudem bei den beteiligten Akteurinnen und Akteuren die immer wiederkehrende Frage nach „richtiger" Zeugenschaft und „Wahrheit" auf.

---

1 Dan Diner, Kreisläufe. Nationalsozialismus und Gedächtnis, Berlin 1995, S. 139.

Zwei Momente sollten für den gestalterischen Aufbau der Ausstellung hieraus extrahiert werden: die diskursive Suche nach „Gerechtigkeit" und die Verunsicherung, die aufgrund der erschütternden Erfahrungen bei der Befreiung der Lager und den völlig neuartigen rechtlichen Herausforderungen speiste.

Diese Verunsicherung, so ein Vorschlag von Professor Hans Wilderotter, hätte unter anderem durch eine Abschrägung des Bodens im Ausstellungsraum über eine gedachte diagonale Achse verdeutlicht werden können. Doch diese grundsätzlich bestechende Idee musste vor allem wegen der Barrierefreiheit und Vorschriften des Denkmalschutzes fallen gelassen werden. Das Moment der Verunsicherung wurde nun durch schräg abgehängte Vitrinen und Tafeln im Raum erzeugt.

Der hierdurch evozierte Eindruck einer „Zersplitterung" korrespondierte zugleich mit einem zweiten Gestaltungsmoment. Die Dachauer Verfahren hatten trotz aller Improvisation bei der Durchführung rechtsstaatlichen Charakter und erwiesen sich daher letztendlich auch als Aushandlungsprozesse. Diskursive Elemente zwischen Anklägern, Zeuginnen bzw. Zeugen, Verteidigern oder Angeklagten enthielten auch die Antwortversuche auf Fragen von „richtiger" Erinnerung oder „gerechten" Urteilen.

Ursprünglich war daran gedacht worden, gestalterisch auf das seit der Antike existente Bild eines als Rund gestalteten Forums zurückzugreifen. Die Rechteckigkeit des Raums und das Freihalten von Fluchtwegen für den Notfall führten aber zu einer relativen Auflösung dieser Kreisform.

Wer den Ausstellungsraum betrat, sollte den Raum in der „ideal" gedachten Besucherführung entgegen dem Uhrzeigersinn erst rechts bis zum Ende (Blow-up Gerichtssaal, s. o.) durchschreiten und sich dann auf der gegenüberliegenden Raumseite zurück zum Ein-/Ausgang begeben. Während am Anfang wie am Ende dieses Rundgangs eher Kapitel mit systematischen Zugriffen auf das Thema der Ausstellung zu finden waren (rechtliche Grundlagen, Orte, Nachgeschichte etc.), bestand der Hauptteil der Präsentation aus Kapiteln, die insular ein (diskursives) Rund bildeten und sich jeweils auf beteiligte Akteursgruppen (Angeklagte, Verteidiger etc.) bezogen. Klar blieb aber dennoch, dass die Inseln auch inhaltlich aufeinander bezogen sein sollten. Bei Führungen durch die Ausstellung oder selbst gestalteten Rundgängen konnten diese Themeninseln aber auch in beliebiger Abfolge betrachtet werden. Im Zusammenspiel des Ganzen stand jede für sich.

Abschließend sei noch auf ein weiteres Moment der Korrespondenz zwischen Inhalt und Gestaltung verwiesen.

Wer mit Recherchen für eine Ausstellung über die Dachauer Prozesse beginnt, sieht sich einem monströsen Berg an Prozessdokumenten auf maschinengeschriebenem dünnem Papier gegenüber. Es gibt wenig visuelles Material, lediglich ein paar Wochenschau-Berichte und nur schwer auffindbare dreidimensionale Objekte.

Was also tun? Impuls-Design hat hierauf reagiert. In der Mitte des „Forums" zwischen den Themeninseln der Akteursgruppen bezeugte ein inszenierter Aktenschrank einen zentralen Sachverhalt. Jede Aushandlung vor Gericht wird in Akten dokumentiert. Dies führt zu einer kaum vorstellbaren Dokumentenflut, die nun, in historischer Perspektive, durch den transparenten Aufbau des Ausstellungskörpers allen zugänglich sein sollte.

Die Ergebnisse des Dialogs zwischen 'form' und 'function' machten deutlich, wie wichtig das Zusammenspiel zwischen inhaltlichem Konzept und Überlieferung einerseits und der sie nach außen kommunizierenden Gestaltung andererseits ist. Neben das 'form follows function' des Werkbund-Streits[2] trat dann ein 'form communicates function'.

Dr. Christian Schölzel,
Projektkoordinator

2 Vgl. Winfried Nerdinger (Hrsg.), 100 Jahre Deutscher Werkbund 1907/2007, München/Berlin 2007.

Aufbau der Ausstellung, 2022

KZ-Gedenkstätte Dachau

MEMORANDUM

Ermittler, Beweismittel, Prozessort: freistehende Objekte in der Sonderausstellung

Neben den Objekten, die den jeweiligen Stationen in der Sonderausstellung zugeordnet werden konnten, wurden auch drei freistehende Objekte ausgestellt, die aufgrund ihrer besonderen Bedeutung ausgewählt worden waren. Am Eingang der Ausstellung wurde die US-Armeeuniform von Alfred Edward Laurence, einem ehemaligen Dachauer Häftling, platziert. Der Ermittlungsbericht der Generalstabsabteilung 2 der 7. US-Armee – der „G2-Report" über Verbrechen, die im KZ Dachau verübt worden waren – war in einer Vitrine im großen Aktenschrank der Ausstellung eingebettet. Weiterhin befand sich am Kopfende des Raumes eine Tür aus der „Alten Schneiderei", dem ehemaligen Hauptgerichtsgebäude der Dachauer Prozesse. Zusammen bildeten diese Objekte einen Dreiklang, der stellvertretend für Ermittler, Beweismittel und Prozessort der Dachauer Verfahren stand.

Von Dachau nach Dachau: Die Uniform von Alfred Edward Laurence

Alfred Laurence wurde am 12. Dezember 1910 als Alfred Eduard Lomnitz in Breslau geboren. 1936 wurde er in Hamburg als jüdischer „Remigrant" verhaftet. Nach der Haft in den KZ Sachsenhausen und Dachau emigrierte Laurence nach Indien und in die USA. Im April 1945 kehrte er als Soldat der US-Armee nach Dachau zurück und war an den Vorermittlungen zu den Dachauer Prozessen beteiligt.

Die Uniform war eine Leihgabe des Imperial War Museum in London und besteht aus einer Garnisonsmütze, einem Hemd, einer Feldjacke und einer Krawatte. Die Garnisonsmütze ist aus einer Wolle-Polyester-Mischung gefertigt,[1] die in ein dunkles Olivgrün gefärbt ist. Ein silbernes, rechteckiges Abzeichen an der linken Frontseite zeichnet den Träger als First Lieutenant der US-Armee aus. Bei der Jacke handelt es sich um das Modell M-1944, auch bekannt als 'Ike Jacket', benannt nach dem Oberbefehlshaber der alliierten Streitkräfte in Europa, General Dwight D. Eisenhower. Für US-Soldaten war es während des Zweiten Weltkrieges üblich, das Abzeichen ihrer letzten Einheit auf dem rechten Uniformärmel zu tragen, auf dem linken befand sich das Emblem der aktuellen Formation. Die Insignie der 7. US-Armee auf der rechten Seite zeigt drei ineinander gestapelte Dreiecke in blau, gelb und rot. Linksseitig ist das Symbol der 6. US-Armee zu sehen, ein großes A innerhalb eines weiß-roten sechseckigen Sterns auf grünem Grund. Am unteren Teil des linken Ärmels sind fünf goldene Streifen zu erkennen. Sie bedeuten, dass ihr Träger mindestens zweieinhalb Jahre aktiven Dienst auf einem Kriegsschauplatz außerhalb der USA geleistet hat. Zum Ensemble der Uniform gehören auch eine khakifarbene Krawatte aus einer Mischung von Baum- und Angorawolle und ein Hemd aus Kammgarn in einem hellen Olivgrün. Gemeinsam bilden die vier Teile den kompletten oberen Teil einer Ausgehuniform der US-Armee, wie sie typischerweise von den in Europa stationierten Truppen getragen wurde.

Dokumentation der Verbrechen: Geheimdienstbericht und Beweismittel

Bei dem zweiten freistehenden Objekt handelt es sich um den „G2-Report" zum ehemaligen KZ Dachau aus dem Bestand der Gedenkstätte. Dieser 72-seitige Bericht amerikanischer Ermittler ist die erste Dokumentation über die im KZ Dachau begangenen Verbrechen. Er wurde im Mai 1945 fertiggestellt und bald darauf auch der Öffentlichkeit zugänglich gemacht.

1 Für alle Angaben zum Material der Uniform dankt das Ausstellungsteam Adrian Kerrison, Imperial War Museum, London.

Nachdem das Lager am 29. April 1945 befreit worden war, erkannten die Ermittler der 7. US-Armee die Notwendigkeit, Beweise zu sammeln und Zeuginnen sowie Zeugen zu vernehmen, um ein möglichst klares Bild von den Gräueltaten zu erhalten. Unter Leitung der Generalstabsabteilung 2 der 7. US-Armee, dem militärischen Nachrichtendienst (kurz G2 genannt), verfassten Angehörige verschiedener US-Geheimdienste diesen Bericht für den internen Gebrauch.

Der Report umfasst unter anderem Kapitel zu der Geschichte des KZ, seiner Organisationsstruktur, dem Alltagsleben der Häftlinge und den an Häftlingen durchgeführten medizinischen Versuchen. Er enthält Auszüge aus dem geheimen Tagebuch des Überlebenden Edgar Kupfer-Koberwitz. Dieser wurde im November 1940 in das KZ Dachau gebracht und musste ab November 1942 in einem Außenkommando als Schreiber arbeiten.

Der „G2-Report" beinhaltet auch eine Untersuchung der Psychological Warfare Branch. Deren Ermittler kamen zu dem Ergebnis, dass die Mehrheit der Bewohnerinnen und Bewohner Dachaus – trotz gegenteiliger Behauptungen – über die Zustände im Lager informiert gewesen waren.

Der Gerichtsort in der Ausstellung: Das Türblatt aus der „Alten Schneiderei"

Das historische Gerichtsgebäude, die „Alte Schneiderei", befindet sich auf dem heutigen Gelände der Bayerischen Bereitschaftspolizei und ist für Besuchende nicht zugänglich. Die 'door no. 4' stammt aus diesem Gebäude und ist eine Leihgabe der VI. Bayerischen Bereitschaftspolizeiabteilung in Dachau.

Es handelt sich hierbei um eine Feldertür mit drei Segmenten. Sie ist 1,10 Meter breit, zwei Meter hoch und wiegt etwa 25 Kilogramm.

Das Gebäude, in dem die Schneiderei untergebracht war, wurde in den Jahren 1941 und 1942 als Teil der Wirtschaftsbetriebe im SS-Lager errichtet.[2] Die Tür stammt von der Rückseite des großen Arbeitssaals im Nordflügel. Sie befand sich in 1,16 Meter Höhe über dem Boden und führte vermutlich auf eine Laderampe an der Außenseite des Gebäudes. Da der Durchgang mittlerweile zugemauert ist, besitzt das Türblatt heute keine Funktion mehr.

Percy Herrmann,
wissenschaftlicher Volontär der KZ-Gedenkstätte Dachau

2 Technische Angaben zum Gebäude vgl. KZ-Gedenkstätte Dachau Archiv, A 6601, Bauten und Gelände, Bauhistorische Untersuchungen, SS-Übungslager, Schneiderei des SS-Lagers und Gerichtsgebäude, Bauuntersuchung und Befunddokumentation, April–Mai 2012.

4
EXIT

Alfred Edward Laurence (Geburtsname Alfred Eduard Lomnitz)

Im Eingangsbereich der Sonderausstellung „Dachauer Prozesse – Verbrechen, Verfahren, Verantwortung“ war die US-Armeeuniform des ehemaligen Dachauer Häftlings Alfred Edward Laurence prominent positioniert.

Im Gegensatz zu vielen anderen ehemaligen, vor allem jüdischen Häftlingen, die das Deutsche Reich nach ihrer Haft verließen, kehrte Laurence wieder nach Dachau zurück – jedoch als Befreier.

Die Gedenkstätte Dachau würdigte mit der gezeigten Uniform einen Mann, der sich Zeit seines Lebens stets aufs Neue mit dem Versuch konfrontierte, das Erlebte zu verarbeiten.

Alfred Edward Laurence in US-Armeeuniform, 1945
Privatbesitz, Archive of Alfred E. Laurence

Frühe Jahre

Laurence wurde am 12. Dezember 1910 als Alfred Eduard Lomnitz in Breslau geboren. Nach dem Abitur fing er ein Jura-Studium an und entwickelte früh ein Verständnis für das Wohlergehen anderer Menschen. Seine Betätigung als Rechtsberater in der kommunistischen „Roten Hilfe“ stieß bei seinem nationalistisch orientierten Vater jedoch auf großen Widerstand. Während seines Studiums wurde Lomnitz das erste Mal wegen seiner politischen Aktivitäten verhaftet.[1]

Als die Nationalsozialisten an die Macht gelangten, vermochte er gerade noch sein Jura-Studium zu beenden und 1933 zu einem staatswissenschaftlichen Thema zu promovieren. Als „Nicht-Arier“ wurde es ihm jedoch verboten, sein Gerichtsreferendariat abzuschließen.

Daraufhin wechselte Lomnitz zu seinem Lieblingsfach in der Schule: Chemie. Er studierte in Frankreich an der Universität Caen und erlangte 1936 den Grad eines Ingénieur-chimiste.[2] Während seines Studiums unterrichtete Lomnitz an einer amerikanischen Schule in Paris. Anschließend kehrte er nach Deutschland zurück und arbeitete als Laborant bei einem petrochemischen Unternehmen in Hamburg.[3]

KZ-Haft

Wegen seiner häufigen Grenzübertritte nach Frankreich galt Lomnitz um 1936 bei der Gestapo als jüdischer „Remigrant“. Noch im selben Jahr wurde er von der Gestapo Hamburg wegen der illegalen Einführung von Flugblättern verhaftet.[4]

Im Unterschied zu vielen anderen politisch Andersdenkenden, die ohne Vorwarnung festgenommen und verschleppt wurden, wurde Lomnitz vor seiner geplanten Verhaftung von zwei Polizisten gewarnt. Er entschied sich jedoch gegen eine Flucht, um seine Familie nicht der Gefahr von Repressalien auszusetzen. Außerdem nahm er an, eine KZ-Haft gut überstehen zu können. Lomnitz wurde einige Tage in Polizeigefängnissen in Hamburg und Berlin festgehalten, bevor er ins KZ Sachsenhausen überführt wurde.[5]

1 Vgl. DaA, Bestandsnr. 22558, Alfred Edward Laurence (HN Lomnitz), Interview in der KZ-Gedenkstätte Dachau, 9.4.1986, Transkription, Z. 88–103.

2 Vgl. DaA, Bestandsnr. 22558, Interview Alfred Laurence, Z. 24ff.

3 Vgl. DaA, Bestandsnr. 22558, Interview Alfred Laurence, Z. 36ff.

4 Vgl. DaA, Bestandsnr. 22558, Interview Alfred Laurence, Z. 30–37.

5 Vgl. DaA, Bestandsnr. 22558, Interview Alfred Laurence, Z. 121f.

Seine KZ-Haft beurteilte er im Rückblick zwiegespalten. Auf der einen Seite hielt er die allgemeinen Zustände im Lager Sachsenhausen für deutlich schlechter als im Konzentrationslager Dachau. Gleichzeitig habe im KZ Sachsenhausen eine Solidarität unter den politischen Häftlingen geherrscht, die im KZ Dachau bereits durch die SS gebrochen gewesen sei.

Im Februar 1937 wurde Lomnitz ins KZ Dachau überstellt. Am 13. Februar 1937 wurde er mit der Häftlingsnummer 11486 registriert.[6] Als er das Schutzhaftlager betrat, wurde er ohne Aufforderung durch SS-Männer von einem Funktionshäftling geschlagen. Trotz der permanent schwelenden Gefahr von körperlicher Gewalt und anderen Erniedrigungen war dies für Laurence der niederdrückendste Aspekt an der Haft in Dachau: das Klima von Misstrauen und Angst, das die SS unter den Häftlingen erzeugen konnte.

Während seiner Gefangenschaft wurde das Lager umgebaut und erweitert. Laurence wurde für die Arbeiten zur Errichtung der neuen Baracken, SS-Wohnhäuser und Wachtürme herangezogen.[7] Obwohl er von den politischen Gefangenen getrennt im Block für Juden untergebracht war, gelang es ihm, Anschluss an die politisch aktiven jüdischen Häftlinge zu finden. Trotz strengster Überwachung vermochten sie in der freien Zeit marxistische Seminare auf dem obersten Bereich der Stockbetten abzuhalten und Diskussionen zu führen.[8]

Exil in Indien und den USA

Nach neunmonatiger Haft kam Lomnitz am 1. Oktober 1937 mit der Auflage, das Land zu verlassen, aus dem KZ Dachau frei. Seinen Kindern erzählte er später, der Philanthrop Geoffrey Wells habe sich auf eine Anzeige in einer britischen Zeitung hin gemeldet, um einen KZ-Häftling freizukaufen und in England aufzunehmen. Die Anzeige wurde von Lomnitz' Anwalt und Freund Percy Barbe[r] aufgegeben und von seinen Eltern bezahlt.

Von Dachau aus wurde er nach Breslau gebracht. Er war drei Tage bei seinen Eltern, musste sich jedoch täglich bei der Polizei melden. Anschließend wurde er für zwei Tage nach Hamburg verbracht, wo er schließlich entlassen und zur belgischen Grenze gebracht wurde.[9]

Kurze Zeit später begab er sich von Marseille nach London, wo er etwa sechs Monate bei seinem Wohltäter Geoffrey Wells unterkam. Im Anschluss reiste er nach Indien, wo bereits sein Bruder lebte.

In Bombay fand er eine Stelle als Chemiker bei der Firma Burmah Shell Corporation. Dort wurden die Brüder im September 1939 als Deutsche interniert,[10] jedoch im November mit der Auflage freigelassen, die Stadt nicht zu verlassen. Ihre Mutter, die nach dem Selbstmord ihres Mannes ebenfalls nach Bombay ausgewandert war, nahm sich in Folge der Internierung ihrer Söhne das Leben.

Im Februar 1941 wurde Lomnitz ein Einwanderungsvisum für die USA ausgestellt. Per Schiff erreichte er am 31. März 1941 New York und kam vorerst bei Verwandten in Philadelphia unter.[11] Seine Kritik an der NS-Diktatur wurde im Kollegium und bei Verwandten in den USA nicht gerne gehört. Eine Einmischung in europäische Angelegenheiten und den Krieg wurde hier konsequent abgelehnt. Diese Einstellung änderte sich erst nach dem japanischen Angriff auf Pearl Harbor im Dezember 1941.[12]

Rückkehr nach Dachau

Am 12. Mai 1943 meldete sich Laurence freiwillig zur US-Armee, wo er zunächst eine zivile Tätigkeit ausübte.

6 Vgl. Arolsen Archives, ITS Digital Archive, Inhaftierungsdokumente, Lager und Ghettos, Konzentrationslager Dachau, Schreibstubenkarten Dachau, Schreibstubenkarten Dachau A–Z, Schreibstubenkarte von Alfred Lomnitz.

7 Vgl. DaA, Bestandsnr. 22558, Interview Alfred Laurence, Z. 344–361.

8 Vgl. DaA, Bestandsnr. 22558, Interview Alfred Laurence, Z. 320–332. U. a. zusammen mit Ernst Heilmann (SPD-Fraktionsvorsitzender im Preußischen Landtag) und dem kommunistischen Abgeordneten Werner Scholem.

9 Vgl. DaA, Bestandsnr. 22558, Interview Alfred Laurence, Z. 255 ff.; vgl. ferner DaA, A 1007, Jüdische Häftlinge, Laurence Alfred, Bericht, "Dachau Overcome", 1971, S. 131.

10 Vgl. Privatbesitz, Archive of Alfred E. Laurence, Ordner 20, AEL Black Folder, Personal History Statement, 10. 4. 1949.

11 Vgl. Archive of Alfred E. Laurence, Statement, 10. 4. 1949; vgl. ferner DaA, Bestandsnr. 22558, Interview Alfred Laurence, Z. 225–263.

12 Vgl. DaA, Bestandsnr. 22558, Interview Alfred Laurence, Z. 266–270.

Im Dezember erhielt er die US-Staatsbürgerschaft unter dem selbstgewählten Namen Alfred Edward Laurence.[13] Er trat in die kämpfende Truppe ein und gelangte im Zuge der Normandie-Invasion im Juni 1944 erneut auf französischen Boden. Im Winter nahm er an der Ardennen-Schlacht teil und gelangte im April 1945 über Darmstadt nach Aichach in Bayern.[14] Kurz nach der Befreiung durch andere US-Einheiten am 29. April 1945 erreichte er das KZ Dachau.

Als ehemaliger Häftling, der Deutsch, Französisch und Englisch sprach, war Laurence sofort in der Lage, sich mit den Mitgliedern des Internationalen Häftlingskomitees zu verständigen. Anschließend wurde er in das War Crimes Investigation Team 6826 aufgenommen, welches in der Umgebung von Heilbronn ermittelte. Während des Dachau-Hauptprozesses, der am 15. November 1945 auf dem ehemaligen Lagergelände begann, trat er zweimal als Zeuge auf.

Im Anschluss kehrte Laurence zurück in die USA, wo er seine Frau kennenlernte und mit ihr eine Familie gründete. 1955 zogen sie dauerhaft nach Großbritannien, wo er als Industrieberater, UNESCO-Dolmetscher und Professor für Soziologie arbeitete.

Laurence verarbeitete seine Erlebnisse in Manuskripten und Romanen. Über seine Haft im Konzentrationslager Sachsenhausen verfasste er ein Manuskript mit dem Titel *Leben für Morgen*. Seine Zeit in Dachau verarbeitete Laurence 1971 in dem autobiografischen Werk *Dachau Overcome*.

2006 starb Laurence in seiner britischen Wahlheimat.

Percy Herrmann, wissenschaftlicher Volontär der KZ-Gedenkstätte Dachau,
mit Virginia Morris, Tochter von Alfred E. Laurence
und Dr. habil. Christoph Thonfeld, Leiter der wissenschaftlichen Abteilung der KZ-Gedenkstätte Dachau

13 Vgl. Archive of Alfred E. Laurence, Statement, 10. 4. 1949.

14 Vgl. DaA, Bestandsnr. 22558, Interview Alfred Laurence, Z. 381–384.

Ausstellungsteil

Dr. habil. Christoph Thonfeld,
Leiter der wissenschaftlichen Abteilung
der KZ-Gedenkstätte Dachau,
Timm C. Richter,
wissenschaftlicher Projektmitarbeiter
der KZ-Gedenkstätte Dachau,
Dr. Christian Schölzel,
Projektkoordinator
und **Percy Herrmann**,
wissenschaftlicher Volontär der
KZ-Gedenkstätte Dachau

VOM TATORT ZUM GERICHTSORT
FROM CRIME SCENE TO TRIAL VENUE
PLAN OF DACHAU POST AND PWE 29
SCALE 1:2000

Vom Tatort zum Gerichtsort

Wartende Menschenmenge vor dem US-Militärgerichtsgebäude in Dachau, 16. Juli 1946

United States Holocaust Memorial Museum, Washington D.C.

Sanitäter der 7. US-Armee betrachten Leichen in einem Waggon des „Buchenwald-Zuges", zwischen 29. April und 3. Mai 1945

United States Holocaust Memorial Museum, Washington D.C.

Am 29. April 1945 befreiten Einheiten der US-Armee das KZ Dachau. Noch bevor US-Soldaten das Lager erreichten, fanden sie auf einem Nebengleis einen Güterzug mit Hunderten Toten und Sterbenden vor, der schon bald als „Todeszug aus Buchenwald" bekannt wurde.

Die Häftlinge aus dem KZ Buchenwald waren ohne ausreichende Verpflegung fast drei Wochen unterwegs gewesen. Auch bei der Befreiung des Lagers trafen die Soldaten auf eine grauenvolle Situation. Viele der etwa 32 000 noch lebenden Häftlinge waren in einer katastrophalen gesundheitlichen Verfassung. Allein bis Ende Mai starben noch ungefähr 3000 von ihnen an den Folgen der Haft.

Die Eindrücke, die die US-Soldaten während und nach der Befreiung gewannen, wirkten nachhaltig. Sie waren ein Motiv für vereinzelte Erschießungen von SS-Männern, bildeten einen wichtigen Impetus für Ermittlungen und Anklagen seitens der USA und führten zu ersten strengen Urteilen der Militärgerichte in den Dachauer Prozessen. Außerdem dienten sie als nachträgliche Legitimierung des Kriegseintritts der Vereinigten Staaten gegenüber den Soldaten und der amerikanischen Öffentlichkeit. Damit wurde das KZ Dachau in den USA bis heute zu einem wesentlichen Symbol für die NS-Verbrechen.

Es gab ein komplexes Geflecht von räumlichen Überschneidungen und funktionalen Trennungen zwischen dem vormaligen Konzentrationslager, dem ab Juli 1945 auf dem Lagergelände eingerichteten Internierungslager und den Prozessstätten. Die Nachkriegs-Haftstätten befanden sich nicht nur auf dem Areal des ehemaligen Häftlingslagers und im ehemaligen Lagergefängnis, sondern auch im ehemaligen SS-Bereich.

Der Lageplan von Oktober 1946 zeigt vier Haftbereiche, in denen jeweils unter den Automatic Arrest fallende, unter dem Verdacht der Begehung von Kriegsverbrechen stehende Personen, deutsche Kriegsgefangene und solche Internierte, die den deutschen Entnazifizierungs-Spruch-

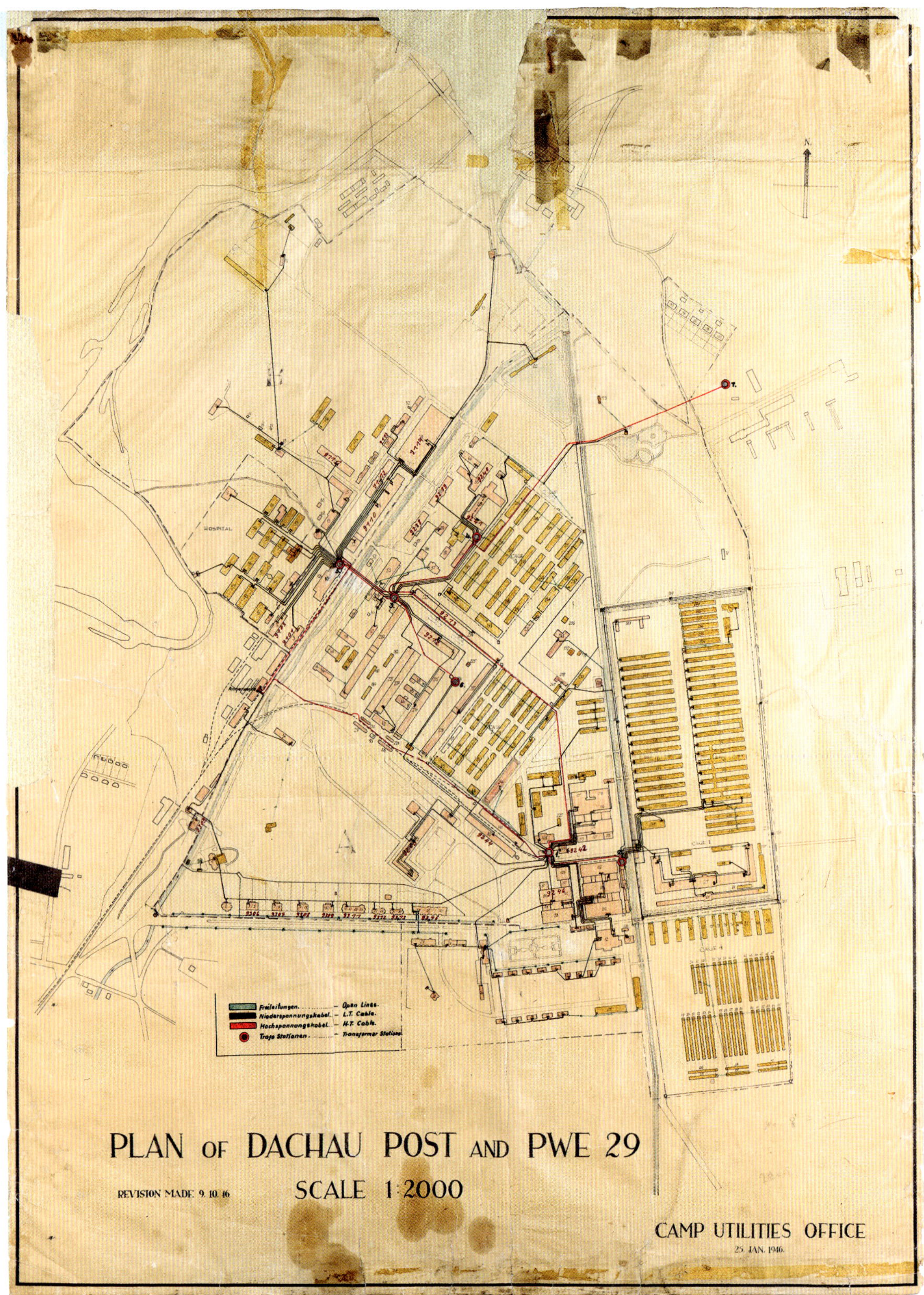

U.S. Army, Plan mit dem Internierungslager auf dem Gelände des ehemaligen KZ-Dachau, Maßstab 1:2000, Oktober 1946

Bereitschaftspolizei Dachau

CHART C

SECRET

ARREST CATEGORIES

NSDAP at KREIS Level

	1. Kreis Organisationsamt	2. Kreis Personalamt	3. Kreis Schulungsamt	4. Kreis Stabsamt	5. Kreis Propagandaamt	6. Kreis Presseamt	7. Kreis Gericht	8. Kreis Wirtschaftsberateramt	9. Kreis Volkswohlfahrt	10. Kreis Kassenamt	11. Kreisamt f. Technik
Hauptämter each headed by a Hauptamtsleiter											

Ämter each headed by an Amtsleiter: 1. Kreisamt f. Erzieher · 2. Kreisamt f. Beamte · 3. Kreisamt f. Volksgesundheit · 4. Kreisamt f. Kriegsopfer · 5. Kreisamt f. Volkstumsfragen · 6. Kreisamt f. Landvolk

Hauptstellen each headed by an Hauptstellenleiter

Established Hauptämter — Hauptämter and Ämter (only if necessary)

NSDAP at ORTSGRUPPE Level

Ämter each headed by an Amtsleiter	Organisationsamt	Schulungsamt	Personalamt	Propagandaamt	Kassenamt	Pressebeauftragter	Geschäftsführungsamt	Amt f. Volkswohlfahrt	And any others found necessary for special tasks

Established Ämter — Special Ämter (only if necessary)

Supreme Headquarters Allied Expeditionary Forces, Arrest Categories Handbook, 1945 [Auszug]

University of Minnesota Law Library, Minneapolis

kammern übergeben werden sollten, getrennt voneinander untergebracht waren. Größe und Ausdehnung der Haftbereiche veränderten sich mit den Belegungszahlen.

Mit dem Automatic Arrest hatten die US-Amerikaner zunächst festgelegt, dass höhere Funktionsträger des NS-Staates, der NSDAP sowie der ihr angeschlossenen Organisationen grundsätzlich zu internieren seien.[1] Ab Herbst 1945 wendeten die US-Besatzungsbehörden diese Vorschriften aber weniger streng an. Zudem entließen sie bis zum Frühjahr 1946 ein Drittel der Internierten.

Die als Cage 1 bis Cage 4 bezeichneten Internierungsbereiche bestanden von Juli 1945 bis August 1948. Der Cage 1, auch SS Compound oder „Freilager" genannt, existierte bis Juni 1946. Ab Mai 1946 kam der Teilbereich für Internierte, die sich vor den ab April 1947 tätigen deutschen Entnazifizierungsspruchkammern zu verantworten hatten, hinzu.

Diese Verfahren fanden im ehemaligen Hotel Moorbad an der Münchner Straße in Dachau statt, welches den Amerikanern zunächst auch als Offizierskasino gedient hatte.

Die Befugnisse der 3. US-Armee zur Abhaltung von Kriegsverbrecherprozessen gingen im Juli 1946 an den Theater Judge Advocate für den Europäischen Kriegsschauplatz bzw. zur Ausführung an den Deputy Judge Advocate for War Crimes über, der dann ab November der 7708 War Crimes Group als eigener, mit der juristischen Ahndung der Verbrechen betrauter, Einheit vorstand. In diesem Zusammenhang legte man auch das prozessuale Vorgehen für die Folgeverfahren der in Vorbereitung befindlichen KZ-Hauptprozesse fest.[2] Ebenfalls im Juli wurde Dachau zum einzigen Internierungslager für Kriegsverbrecher in der US-Besatzungszone bestimmt. Am 14. Oktober 1946 wurden auch die Verfahren in Dachau zentralisiert.[3] Von den 461 als „Dachauer Prozesse" bezeichneten Verfahren[4] fanden

Amerikanische Soldaten bewachen den Eingang zum Internierungslager am Jourhaus, März 1946

United States Holocaust Memorial Museum, Washington D.C.

„Hotel Moorbad" mit angeschlossenem Sanatorium, Postkarte, etwa 1940er-Jahre

Stadtarchiv Dachau

US-Militärgerichtsgebäude in Dachau, Court A, undatiert

USC Shoah Foundation, Los Angeles

395 in Dachau selbst statt, 66 Prozesse führten die Amerikaner an anderen von ihnen besetzten Orten in Deutschland, Österreich und Italien durch.[5]

Das KZ Dachau war das Modell für die Verwaltungsstruktur, die Dienst- und Strafordnung sowie die paramilitärische und ideologische Ausbildung der Wachmannschaften beim systematischen Um- und Ausbau des KZ-Systems Mitte der 1930er-Jahre gewesen. Als Gerichtsstand hatte der Ort des Lagers Dachau daher für das Re-Education-Programm der USA im besiegten Deutschland eine hohe symbolische Bedeutung. Dass ein Teil des ehemaligen SS-Bereichs dieses Konzentrationslagers als Gerichtsort ausgewählt wurde, lag auch an der guten Infrastruktur, die für die Durchführung der Verfahren benötigt wurde, sowie an der relativen Nähe zum vorgesehenen Strafvollzugsort Landsberg am Lech. Für Dachau als Gerichtsort sprachen zudem die vorhandenen, ausreichend großen Gebäude im ehemaligen SS-Lager.

Der Hauptgerichtssaal, Court A, befand sich in der „Alten Schneiderei". Auch die benachbarte vormalige „Waffentechnische Lehranstalt" der SS wurde für Verfahren genutzt.

Im Juli 1945 hatte Lieutenant General Lucian K. Truscott als Oberkommandierender der 3. US-Armee vom Oberbefehlshaber der amerikanischen Truppen in Europa, General Dwight D. Eisenhower, die Befugnis erhalten, in seinem militärischen Bezirk Militärgerichte einzurichten. In der Sonderverordnung vom 2. November 1945 erteilte er die Anweisung, in Dachau einen allgemeinen Militärgerichtshof einzurichten, um den Dachau-Hauptprozess durchzuführen.[6]

Fünf Tage vor der Eröffnung des Internationalen Militärtribunals gegen die Hauptkriegsverbrecher in Nürnberg begann am 15. November 1945 das Verfahren „United States vs. Martin Gottfried Weiss [sic!] et al.". Zum Dachauer Außenlagerkomplex Mühldorf fand später ein eigener Hauptprozess statt. An diese beiden Prozesse schlossen sich insgesamt 121 Folgeverfahren zu Verbrechen im KZ Dachau und dessen Außenlagern an.[7]

Ein Unterschied zum Internationalen Militärtribunal in Nürnberg bestand darin, dass die Verfahren in Dachau den Kreis der Angeklagten auf die mittlere und untere Ebene der NS-Hierarchie ausweiteten. Dies war ein deutliches Zeichen für die Absicht der US-Militärregierung, die Mitwirkung von Teilen der deutschen Gesellschaft an der Begehung der Verbrechen aufzuzeigen. Es galt, die Legitimität der US-Militärregierung zur Durchführung von Prozessen gegen Deutsche, die in Deutschland Verbrechen an ausländischen Staatsangehörigen begangen hatten, zu erhöhen. Am 1. Januar 1942 hatten die USA und 25 (später 44) Verbündete die „Erklärung der Vereinten Nationen" unterzeichnet. Daher beschränkten sich die US-Behörden bei den Ver-

Gerichtssaal Court A während des Dachau- Hauptprozesses, November 1945

National Archives and Records Administration, Washington D.C.

fahren zunächst auf Verbrechen, die nach diesem Stichtag verübt und gegen Zivilistinnen und Zivilisten oder Kriegsgefangene aus diesen Ländern begangen worden waren. Damit war der Strafanspruch daran gebunden, dass der prozessführende Staat und die Herkunftsländer der Opfer sich mit Deutschland im Kriegszustand befunden hatten.

1 Ab Oktober 1946 wurden nur noch Angehörige der vom Internationalen Militärtribunal in Nürnberg für „verbrecherisch" erklärten Organisationen (SS, SD, Gestapo und Korps der Politischen Leiter der NSDAP) automatisch interniert, vgl. Hammermann, Internierungslager, S. 57.

2 Vgl. United States Army, European Command, Deputy Judge Advocate for War Crimes, Clio E. Straight, Report of the Deputy Judge Advocate for War Crimes. June 1944–July 1948, S. 119f., https://tile.loc.gov/storage-services/service/ll/llmlp/report-deputy-JA-war-crimes/report-deputy-JA-war-crimes.pdf.

3 Vgl. Sigel, Interesse, S. 25.

4 Zu den Dachauer Prozessen vgl. Patricia Heberer/Jürgen Matthäus (Hrsg.), Atrocities on Trial. Historical Perspectives on the Politics of Prosecuting War Crimes, Lincoln 2008; Eiber/Sigel (Hrsg.), Dachauer Prozesse; Holger Lessing, Der erste Dachauer Prozess (1945/46) (Fundamenta juridica, Bd. 21), Baden-Baden 1993; Sigel, Interesse.

5 Zur abweichenden Zählung der Dachauer Prozesse vgl. den Beitrag von Wolfgang Form in diesem Band.

6 Vgl. Lessing, Dachauer Prozess, S. 63f.

7 Vgl. Bryant, Militärgerichtsprozesse, S. 109f.

WAR CRIMES BRANCH
JUDGE ADVOCATE SECTION
HQ. THIRD UNITED STATES ARMY
US-Militärgerichtsgebäude auf dem Gelände des ehemaligen KZ Dachau
U.S. military court building on the grounds of the former Dachau concentration camp
ANDERE TATORTE
OTHER CRIME SCENES
Ein befreiter sowjetischer Häftling erkennt im KZ Buchenwald einen SS-Mann als Täter, 14. April 1945
A liberated Soviet prisoner identifies an SS man as offender at the Buchenwald concentration camp, April 14, 1945
von den US-Truppen besetzten Orten in Deutschland, Österreich und Italien statt.
In Dachau kamen auch Straftaten in den von der US-Armee befreiten KZ Buchenwald, Flossenbürg, Mauthausen und Mittelbau-Dora zur Verhandlung.
Der Rahmen, in dem Verbrechen zur Anklage gebracht werden konnten, weitete sich. Dies betraf den Tatzeitraum und die Opfergruppen. Gleichzeitig verhängten die Richter im Laufe der Zeit weniger Todesurteile beziehungsweise kürzere Haftstrafen.
In 226 Fällen eröffneten die US-Ankläger Prozesse wegen Straftaten gegen alliierte Flugzeugbesatzungen, die „Flieger-Prozesse". Zudem führten sie Verfahren aufgrund von Mordtaten in der Landesheilanstalt Hadamar und an amerikanischen Kriegsgefangenen sowie belgischen Zivilisten während der Ardennenoffensive 1944/45 durch.
Of the 461 Dachau trials, sixty-six were held at other venues occupied by U.S. troops in Germany, Austria, and Italy.
Offences committed at other concentration camps liberated by the U.S. Army – Buchenwald, Flossenbürg, Mauthausen, and Mittelbau-Dora – were also brought to trial in Dachau.
The range of crimes brought to trial widened, both in terms of timeframe and victim groups. On the other hand, however, over time the judges were handing out fewer death sentences and shorter prison sentences.
In 226 cases U.S. prosecutors opened proceedings for crimes against Allied aircrews, known as the "Flyer Cases." They also brought to trial acts of murder committed at the Hadamar psychiatric clinic as well as against American POWs and Belgian civilians during the Battle of the Bulge in the Ardennes 1944/45.
ANDERE TATORTE
OTHER CRIME SCENES

Andere Tatorte

Ein befreiter sowjetischer Häftling erkennt im KZ Buchenwald einen SS-Mann als Täter, 14. April 1945
United States Holocaust Memorial Museum, Washington D.C.

Pater Louis Leclerc, ehemaliger KZ-Häftling, bei seiner Aussage im Flossenbürg-Hauptprozess; sitzend rechts der Dolmetscher Fred Stecker, 21. Juni 1946
United States Holocaust Memorial Museum, Washington D.C.

In den Dachauer Verfahren kamen auch Straftaten in den von der US-Armee befreiten KZ Buchenwald, Flossenbürg, Mauthausen und Mittelbau-Dora und deren Außenlagern zur Verhandlung. Dabei wurden der Tatzeitraum und die Opfergruppen in den Anklageschriften später erweitert, während die Richter im Laufe der Zeit tendenziell weniger Todesurteile beziehungsweise kürzere Haftstrafen verhängten. Schwerpunkt der ersten US-Verfahren waren Verbrechen gegen eigene Militärangehörige, besonders der US-Luftwaffe.

Nach dem Dachau-Hauptprozess betraf das zweite umfangreiche Verfahren zu KZ-Verbrechen Mauthausen (29. März bis 13. Mai 1946).[1] Von den 61 Angeklagten wurden 58 zum Tode verurteilt, davon 49 hingerichtet. An den Hauptprozess schlossen sich 60 Folgeverfahren mit 238 Beschuldigten an.

Der darauffolgende Flossenbürg-Hauptprozess (12. Juni 1946 bis 22. Januar 1947) gegen 52 Angeklagte, die – wie auch die Angeklagten in den übrigen Verfahren – alle auf „nicht schuldig" plädiert hatten, endete mit 40 Schuldsprüchen. Zwölf Todesurteile wurden vollstreckt. Anschließend wurden 18 Folgeverfahren mit 42 Angeklagten durchgeführt.

Die Angeklagten des Mauthausen-Hauptprozesses hinter ihren Verteidigern, 29. März 1946 [?]
National Archives and Records Administration, Washington D.C.

Dr. Erika Flocken, Ärztin der Organisation Todt, bei der Verkündung ihres Urteils, 13. Mai 1947

National Archives and Records Administration, Washington D.C.

Ilse Koch, Ehefrau von Karl Koch, dem ersten Kommandanten des KZ-Buchenwald, verbirgt auf der Anklagebank ihr Gesicht vor amerikanischen Fotografen, 11. April 1947 [?]

Courtnay Weisberg-Johnson, Bellevue (Washington)

Im Hauptverfahren zum Dachauer Außenlagerkomplex Mühldorf (1. April bis 13. Mai 1947) verurteilte das US-Gericht eine der wenigen KZ-Täterinnen in Dachau. Die Ärztin der Organisation Todt,[2] Dr. Erika Flocken, erhielt wegen ihrer Teilnahme an Selektionen arbeitsunfähiger Häftlinge zu deren Vergasung die Todesstrafe. Das Urteil wurde bei der obligatorischen Überprüfung zunächst in eine lebenslängliche Haftstrafe umgewandelt, die später auf eine 38-jährige Haftstrafe reduziert wurde. Flocken kam 1957 vorläufig, 1958 dann endgültig aus der Haft frei. In diesem Prozess gab es erstmals zwei Freisprüche.

Im anschließenden Buchenwald-Hauptprozess (11. April bis 14. August 1947) verurteilte die US-Justiz wiederum alle 31 Angeklagten. Elf der 22 verhängten Todesurteile wurden vollstreckt.

Die Angeklagte Ilse Koch, Witwe des vormaligen Kommandanten Karl-Otto Koch, entging – mutmaßlich wegen ihrer Schwangerschaft – der Todesstrafe. Die Reduzierung des Strafmaßes auf vier Jahre Haft löste in den USA eine kontroverse Debatte aus. Allerdings wurde Koch später noch vom Landgericht Augsburg zu lebenslänglicher Haft verurteilt und erhängte sich 1967 in der Frauenhaftanstalt Aichach.

Der Buchenwald-Hauptprozess war verfahrensrechtlich von zusätzlicher Bedeutung, da in der Anklageschrift die zeitliche Begrenzung verfolgter Verbrechen auf die Zeit nach dem 1. Januar 1942 aufgehoben wurde und die Opfergruppen auf alle in deutschem Gewahrsam befindlichen Zivilpersonen, ungeachtet ihrer nationalen Zugehörigkeit, ausgeweitet wurden.[3] Zur Begründung erklärte die amerikanische Militärstaatsanwaltschaft, das Recht zur Ahndung von Verstößen gegen das Völkerrecht sei nicht davon abhängig, dass es von einer zuvor kriegführenden Partei ausgeübt werde oder dass die Opfer Angehörige eines kriegführenden Staates gewesen seien.

„Die Zuständigkeit eines souveränen Staates für die Verfolgung von Kriegsverbrechern ergibt sich aus dem allgemeinen Völkerrecht, wonach die Verfolgung von Kriegsverbrechen eine Folge der souveränen Macht eines unabhängigen Staates ist. [...] Diese Befugnis ist umfassend und vollständig, sofern sie nicht durch die Grundsätze des Völkerrechts eingeschränkt wird. Es wurde darauf hingewiesen, dass es selbstverständlich ist, dass ein Staat, der sich an das Kriegsrecht hält, das einen Teil des Völkerrechts bildet, an dessen Erhaltung und Durchsetzung interessiert ist.“[4]

William F. MacGarry und John J. Ryan, amerikanische Ankläger im Dora-Hauptprozess, verfolgen eine Zeugenvernehmung, 19. September 1947

United States Holocaust Memorial Museum, Washington D.C.

Ein Sachverständiger [?] deutet während des Verfahrens „US vs. Jürgen Stroop et al." auf dessen Namen, 1947

Courtnay Weisberg-Johnson, Bellevue (Washington)

Damit wurde ein universeller Strafanspruch von Staaten, die das Völkerrecht achten, gegenüber solchen, die dagegen verstoßen, begründet.

Beim Hauptverfahren zu den Verbrechen im KZ Mittelbau-Dora[5] (7. August bis 30. Dezember 1947) dokumentierten die Ankläger zwar die unmenschlichen Bedingungen im Lager, doch es wurde nur einer der 19 Angeklagten zum Tode verurteilt und hingerichtet. Dieses Verfahren war der letzte KZ-Hauptprozess. Bereits im März 1947 hatte die Armeeführung auf eine Begrenzung der Verfahren auf „außergewöhnlich wichtige Fälle" hingewirkt. Priorität hatte die fristgerechte Beendigung aller Verfahren zum Jahresende 1947.[6]

Einen Großteil der Verfahren bildeten mit 226 Fällen gegen 646 Angeklagte die „Fliegerprozesse", die sich gegen Verbrechen an abgestürzten oder abgeschossenen alliierten Flugzeugbesatzungen richteten. Da diese Prozesse anfangs im Zentrum der amerikanischen Aufmerksamkeit standen, wurden hier bereits im Juli 1945 erste, strenge Urteile gefällt. Allerdings kam es in der Folgezeit auch in diesen Fällen zu einer Milderung der Strafen.

Bei einem der späteren „Fliegerprozesse" wurde der ehemalige SS-Gruppenführer Jürgen Stroop in seiner Funktion als Höherer SS- und Polizeiführer Rhein-Westmark angeklagt und zum Tode verurteilt. Im Juni 1947 lieferten ihn die Amerikaner wegen seiner Verbrechen als Befehlshaber bei der Niederschlagung des Warschauer Ghettoaufstands 1943 an Polen aus, wo er erneut zum Tode verurteilt und 1952 hingerichtet wurde. Dem Prozess „US vs. Jürgen Stroop et al." kommt eine herausgehobene Bedeutung zu, weil in ihm exemplarisch die Berufung auf den Befehlsnotstand verhandelt wurde. Deshalb erhielt dieses Verfahren auch den Beinamen 'Superior Orders Case'. Aus verschiedenen Rechtsquellen leitete das Gericht her, dass die Berufung auf Befehlsnotstand nur unter bestimmten Voraussetzungen greifen könne: der Angeklagte müsse glaubhaft nachweisen, dass das Vergehen auf dem ausdrücklichen Befehl eines Vorgesetzten beruhte, dass der illegale oder unmoralische Charakter der Order für einen durchschnittlich vernunftbegabten Menschen[7] nicht erkennbar

Deutsche Zivilisten exhumieren in amerikanischem Auftrag die Leichen von 44 polnischen und sowjetischen Zwangsarbeitern auf dem Gelände der damaligen Landesheilanstalt Hadamar, 5. April 1945

United States Holocaust Memorial Museum, Washington D.C.

gewesen sei und dass er unter unmittelbarem Zwang gehandelt habe. In den „Fliegerprozessen" lässt sich – wie auch bei anderen Verfahren – eine deutliche Zunahme von Gnadengesuchen ab 1948 beobachten. Ein von der Erfahrung des Luftkriegs gegen deutsche Städte gespeistes „Opfernarrativ" führte zur Solidarisierung der Bevölkerung mit den Angeklagten. Ab den 1950er-Jahren gerieten die „Fliegerprozesse" – wie die Dachauer Prozesse insgesamt – schrittweise in Vergessenheit.[8]

Auch bei anderen Verbrechen kam es zu Anklagen. Der US-Prozess gegen Mitarbeiterinnen und Mitarbeiter der Landesheilanstalt Hadamar fand vom 8. bis zum 15. Oktober 1945 in Wiesbaden statt. Gegenstand war die Ermordung von 476 ausländischen Zwangsarbeitenden. Der Mord an über 14 000 deutschen Opfern der „NS-Euthanasie" durfte nicht verhandelt werden, da Verbrechen von Deutschen an Deutschen nicht der Rechtsprechung von US-Militärgerichten unterlagen.

Im sogenannten Malmedy-Prozess[9] (16. Mai bis 16. Juli 1946) mussten sich der ehemalige SS-Oberst-Gruppenführer und Generaloberst der Waffen-SS, Josef („Sepp") Dietrich, und 72 weitere Angehörige der Waffen-SS wegen mehrerer Massaker an über 350 amerikanischen Kriegsgefangenen und über 100 belgischen Zivilistinnen und Zivilisten im Zuge der deutschen „Ardennen-Offensive" im Dezember 1944 verantworten. Das Gericht verhängte 30 Haftstrafen und 43 Todesurteile. Letztere wurden später alle in Haftstrafen umgewandelt. Diese Verbrechen hatten anfangs die öffentliche Meinung in den USA stark gegen Deutschland aufgebracht. Später wurde die öffentliche Diskussion um den Prozess zu einer Schnittstelle, an der sich Presseberichterstattung und organisierte Unterstützung durch Anwälte, Parteien und Kirchen zu einer gezielten Kampagne für die Amnestierung und gegen die Schuldigsprechung beziehungsweise Hinrichtung der Angeklagten verdichteten.

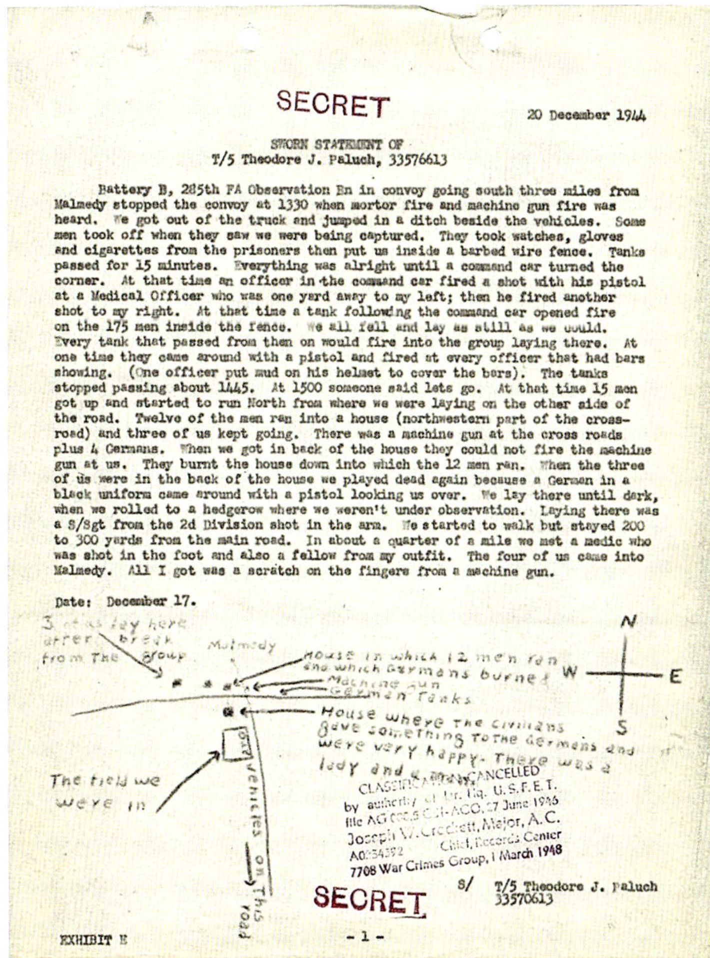

SECRET

20 December 1944

SWORN STATEMENT OF
T/5 Theodore J. Paluch, 33576613

Battery B, 285th FA Observation Bn in convoy going south three miles from Malmedy stopped the convoy at 1330 when mortor fire and machine gun fire was heard. We got out of the truck and jumped in a ditch beside the vehicles. Some men took off when they saw we were being captured. They took watches, gloves and cigarettes from the prisoners then put us inside a barbed wire fence. Tanks passed for 15 minutes. Everything was alright until a command car turned the corner. At that time an officer in the command car fired a shot with his pistol at a Medical Officer who was one yard away to my left; then he fired another shot to my right. At that time a tank following the command car opened fire on the 175 men inside the fence. We all fell and lay as still as we could. Every tank that passed from then on would fire into the group laying there. At one time they came around with a pistol and fired at every officer that had bars showing. (One officer put mud on his helmet to cover the bars). The tanks stopped passing about 1445. At 1500 someone said lets go. At that time 15 men got up and started to run North from where we were laying on the other side of the road. Twelve of the men ran into a house (northwestern part of the cross-road) and three of us kept going. There was a machine gun at the cross roads plus 4 Germans. When we got in back of the house they could not fire the machine gun at us. They burnt the house down into which the 12 men ran. When the three of us were in the back of the house we played dead again because a German in a black uniform came around with a pistol looking us over. We lay there until dark, when we rolled to a hedgerow where we weren't under observation. Laying there was a S/Sgt from the 2d Division shot in the arm. We started to walk but stayed 200 to 300 yards from the main road. In about a quarter of a mile we met a medic who was shot in the foot and also a fellow from my outfit. The four of us came into Malmedy. All I got was a scratch on the fingers from a machine gun.

Date: December 17.

CANCELLED
CLASSIFICATION [illegible]
by authority of Hq. U.S.F.E.T.
file AG [illegible] 27 June 1946
Joseph W. Crockett, Major, A.C.
A0[illegible] Chief, Records Center
7708 War Crimes Group, 1 March 1948

S/ T/5 Theodore J. Paluch
33570613

SECRET

EXHIBIT E

- 1 -

Theodore J. Paluch, US-Soldat und Überlebender des Malmedy-Massakers, Zeugenaussage mit einer handschriftlichen Skizze des Tatorts, 20. Dezember 1945

National Archives and Records Administration, Washington D.C.

---

1 Vgl. Tomaz Jardim, The Mauthausen Trial: American Military Justice in Germany, Cambridge 2012; Christian Rabl, Mauthausen vor Gericht. Nachkriegsprozesse im internationalen Vergleich, Wien 2019.

2 Die Organisation Todt (1938–45) hatte, unter massenhafter Ausnutzung von Zwangsarbeit, militärische Infrastruktur für die Wehrmacht gebaut und unterhalten, vgl. Fabian Lemmes, Arbeiten in Hitlers Europa. Die Organisation Todt in Frankreich und Italien 1940–1945 (Industrielle Welt, Bd. 96), Köln/Weimar/Wien 2021.

3 Vgl. Sigel, Interesse, S. 29f.

4 Straight, Report, S. 58.

5 Vgl. Michael Löffelsender, "A particularly unique role among concentration camps". Der Dachauer Dora-Prozess 1947, in: Helmut Kramer/Karsten Uhl/Jens-Christian Wagner (Hrsg.), Zwangsarbeit im Nationalsozialismus und die Rolle der Justiz – Täterschaft, Nachkriegsprozesse und die Auseinandersetzung um Entschädigungsleistungen (Nordhäuser Hochschultexte, Allgemeine Schriftenreihe, Bd. 1), Nordhausen 2007, S. 152–169.

6 Vgl. Sigel, Interesse, S. 161.

7 Im englischen Original: "a reasonably prudent person", vgl. Deputy Judge Advocate's Office, 7708 War Crimes Group, European Command, APO 407, United States v. Jürgen Stroop et al., Case 12-2000, etc., Review and Recommendations for the Deputy Judge Advocate for War Crimes and Action by the Approving Authority, https://www.jewishvirtuallibrary.org/jsource/Holocaust/dachautrial/fs175.pdf.

8 Vgl. Georg Hoffmann, Flyer Cases. Britische und amerikanische Militärgerichtsverfahren zur Ahndung von Verbrechen an alliierten Flugzeugbesatzungen (1945–1948), in: KZ-Gedenkstätte Neuengamme (Hrsg.), Alliierte Prozesse und NS-Verbrechen, Beiträge zur Geschichte der nationalsozialistischen Verfolgung in Norddeutschland, Bd. 19, Bremen 2020, S. 81–92, hier S. 86ff.

9 Vgl. Steven P. Remy, The Malmedy Massacre. The War Crimes Trial Controversy, Cambridge 2017.

RECHTLICHE GRUNDLAGEN
LEGAL FOUNDATIONS
Die Außenminister Cordell Hull (USA), Wjatscheslaw M. Molotow (UdSSR) und Sir Anthony Eden (Großbritannien), Unterzeichnung der Moskauer Erklärung, 30. Oktober 1943
The respective foreign ministers - Cordell Hull (USA), Vyacheslav Molotov (USSR), and Sir Anthony Eden (UK) at the signing of the Moscow Declaration, October 30, 1943
With the Declaration on Atrocities, an additional chapter to the Moscow Declaration, the governments of the USA, the USSR, and the UK decided that alleged war crimes were to be tried in the country where the offences were committed.
Seit 1942 erörterten die Allierten und die Exilregierungen besetzter Länder die Bestrafung von Kriegsverbrechen. Im Spannungsfeld von Naturrecht, Völkerrecht sowie nationalem Strafrecht sollte den Tätern der Prozess gemacht werden. Anders als beim Internationalen Militärtribunal gegen die Hauptkriegsverbrecher in Nürnberg mit der naturrechtlich begründeten Anwendung von Straftatbeständen orientierten sich die US-amerikanischen Dachauer Prozesse an etabliertem Völkerrecht wie der Haager Landkriegsordnung, der Genfer Kriegsgefangenenkonvention von 1929 sowie am US-Militärstrafrecht. Sie wurden nach angelsächsischem Prozessrecht geführt.
In 1942, the Allies and exile governments of occupied countries began discussing how to punish war crimes. Perpetrators were to be brought to trial while trying to balance the various nuances of natural law, international law, and national criminal law. In contrast to the International Military Tribunal against the Main war criminals in Nuremberg, which applied natural law to criminal offences, the U.S. Dachau Trials were oriented on established international law such as the Hague Land War Convention, the Third Geneva Convention of 1929 on the treatment of prisoners of war, and U.S. Military Criminal Law. They were carried out on the basis of Anglo-Saxon procedural law.

Rechtliche Grundlagen

Cordell Hull (USA), Wjatscheslaw M. Molotow (UdSSR) und Sir Anthony Eden (Großbritannien), Unterzeichnung der Moskauer Erklärung, 30. Oktober 1943

akg-images, Berlin

— 5 —

GENERAL LI
UNIV. OF
MAR 24

Reichs-Gesetzblatt.

№ 2.

Inhalt: Zwölf auf der Zweiten Haager Friedenskonferenz abgeschlossene Abkommen vom 18. Oktober 1907. S. 5 bis 375. — Bekanntmachung über die Ratifikation dieser Abkommen und die Hinterlegung der Ratifikationsurkunden sowie über die von den Vereinigten Staaten von Amerika, von Österreich-Ungarn und von Rußland gemachten Vorbehalte. S. 375. — Bekanntmachung über den Beitritt der Vereinigten Staaten zu dem Haager Abkommen vom 18. Oktober 1907, betreffend die Rechte und Pflichten der Neutralen im Falle eines Seekriegs, sowie über den Beitritt Nikaraguas zu diesem und elf anderen auf der Zweiten Haager Friedenskonferenz abgeschlossenen Abkommen vom 18. Oktober 1907. S. 382.

(Nr. 3702.) Convention pour le règlement pacifique des conflits internationaux. Du 18 octobre 1907.

Sa Majesté l'Empereur d'Allemagne, Roi de Prusse; le Président des États-Unis d'Amérique; le Président de la République Argentine; Sa Majesté l'Empereur d'Autriche, Roi de Bohème, etc., et Roi Apostolique de Hongrie; Sa Majesté le Roi des Belges; le Président de la République de Bolivie; le Président de la République des États-Unis du Brésil; Son Altesse Royale le Prince de Bulgarie; le Président de la République de Chili; Sa Majesté l'Empereur de Chine; le Président de la République de Colombie; le Gouverneur Provisoire de la République de Cuba; Sa Majesté le Roi de Danemark; le Président de la République Dominicaine; le Président de la Répu-

(Übersetzung.)

(Nr. 3702.) Abkommen zur friedlichen Erledigung internationaler Streitfälle. Vom 18. Oktober 1907.

Seine Majestät der Deutsche Kaiser, König von Preußen, der Präsident der Vereinigten Staaten von Amerika, der Präsident der Argentinischen Republik, Seine Majestät der Kaiser von Österreich, König von Böhmen u. s. w. und Apostolischer König von Ungarn, Seine Majestät der König der Belgier, der Präsident der Republik Bolivien, der Präsident der Republik der Vereinigten Staaten von Brasilien, Seine Königliche Hoheit der Fürst von Bulgarien, der Präsident der Republik Chile, Seine Majestät der Kaiser von China, der Präsident der Republik Kolumbien, der einstweilige Gouverneur der Republik Kuba, Seine Majestät der König von Dänemark, der Präsident der Dominikanischen Republik, der Präsident der

Reichs-Gesetzbl. 1910. 2

Ausgegeben zu Berlin den 26. Januar 1910.

Reichsgesetzblatt, Nr. 2, 26. Januar 1910

Seit 1942 hatten die Alliierten und die Exilregierungen besetzter Länder die Bestrafung von Kriegsverbrechen in Europa und im Pazifikraum erörtert. Im Spannungsfeld von Naturrecht, Völkerrecht sowie nationalem Strafrecht sollte den Tatverdächtigen der Prozess gemacht werden. Anders als beim Internationalen Militärtribunal gegen die Hauptkriegsverbrecher in Nürnberg, bei dem naturrechtlich begründete, erstmals kodifizierte Straftatbestände angewendet wurden, orientierten sich die US-amerikanischen Dachauer Prozesse an amerikanischem (Militär-) Strafrecht und etabliertem Völkerrecht.

Die Anklageschriften stützten sich auf Verstöße gegen die Haager Landkriegsordnung von 1907 (Art. 4 und 23) und die Genfer Konvention zur Behandlung von Kriegsgefangenen von 1929 (Art. 2, 3 und 46).[1] Beide völkerrechtlich bindenden Abkommen hatte das Deutsche Reich anerkannt. Die Haager Landkriegsordnung sah aber weder einen eigenen Strafrahmen noch die Ahndung von Verbrechen eines Staates an seinen Bürgerinnen und Bürgern vor.

Die Planungen zum rechtlichen Vorgehen gegen deutsche Kriegsverbrecherinnen und -verbrecher begannen vor dem Hintergrund der gescheiterten Ahndungsbemühungen nach dem Ersten Weltkrieg, die im Versailler Vertrag (Art. 226 bis 230) als Möglichkeit niedergelegt waren.

Damals wollten die Siegerstaaten Kriegsverbrecherprozesse gegen Deutsche durchführen, allen voran gegen Kaiser Wilhelm II. Aufgrund interner Meinungsverschiedenheiten übergaben sie die Verfahren jedoch an das Deutsche Reich. So kam es ab 1921 nur zu wenigen Anklagen und milden Urteilen vor dem Leipziger Reichsgericht.[2]

Dennoch setzten während des Krieges erneut die Diskussionen unter den Westalliierten und der Sowjetunion über den Umgang mit deutschen, italienischen und

Wilhelm II., Deutscher Kaiser, König von Preußen, Aufnahme 1902

Imperial War Museum, London

japanischen Kriegsverbrechen ein. Besonders US-Präsident Roosevelt kündigte wiederholt öffentlich die geplante Bestrafung von Kriegsverbrechern an, um weitere Gräuel zu verhindern und durch die Ankündigung von Strafen den Zusammenhalt zwischen Täterinnen und Tätern sowie Mitläuferinnen bzw. Mitläufern zu schwächen. Allerdings wies er während der Konferenz in Jalta im Februar 1945 auch auf die Probleme der Strafverfolgung hin, die sich aus dem schieren Ausmaß der Verbrechen sowie der schwierigen Beweissicherung und Identitätsfeststellung der Täterinnen bzw. Täter ergeben könnten.[3]

Den konkreten Anfang machte die Erklärung von St. James vom 13. Januar 1942, in der neun Exilregierungen europäischer Länder in London die Strafverfolgung von Kriegsverbrechern als wichtiges Kriegsziel benannten. Nachdem von britischer, sowjetischer und amerikanischer Seite zunächst außergerichtliche Exekutionen Hitlers und seiner engeren Entourage erwogen worden waren, entschied man sich ab 1943 mit der United Nations War Crimes Commission grundsätzlich für ein rechtsförmiges Vorgehen. Interalliierte Übereinkünfte wie die Moskauer Erklärung vom 30. Oktober 1943 wiesen auch für die Verfahren in Dachau den rechtlichen Weg, wobei die dortigen US-Militärgerichte ihre Legitimation auch aus der amerikanischen Verfassung herleiteten.[4] Sowohl das nationenübergreifende wie auch das national eigenständige strafrechtliche Vorgehen, auf das vor allem die europäischen Exilregierungen gedrängt hatten, war in den alliierten Absprachen niedergelegt. Man verständigte sich auf das Tatortprinzip (das heißt Verbrechen in dem Land zu ahnden, in dem sie begangen worden waren) sowie die Anwendung des bereits zur Tatzeit geltenden Rechts. Wachsende Meinungsverschiedenheiten zwischen den Westalliierten und der Sowjetunion verhinderten später eine Fortsetzung internationaler Militärtribunale über Oktober 1946 hinaus, wodurch der Fokus nun auf den nationalen Strafrechtsprogrammen lag.

Die Vorbereitung der Dachauer Prozesse durch das War Crimes Program basierte vor allem auf der Anordnung Nr. 2 vom September 1944, die die Struktur der Gerichte, ihre Befugnisse und die Rechte der Angeklagten festlegte.

Die Direktive JCS 1023/10 vom 8. Juli 1945 ermächtigte den Oberbefehlshaber der US-Armee, General Eisenhower, formal zur Strafverfolgung von Kriegsverbrecherinnen und -verbrechern.[5] Der konkrete Aufbau der Gerichte und die Durchführung der Verfahren ergab sich aus den 'Five Sources',[6] die durch die Military Government Regulations vom 30. November 1945 in einer neuen Sammelbestimmung zusammengeführt wurden.[7] Die am 25. August 1945 von Eisenhower autorisierten Militärgerichte benutzten weitgehend anglo-amerikanisches Strafprozessrecht.[8]

Der Straftatbestand des „gemeinschaftlichen Vorhabens" (Common Design), den die Briten im September 1945 im Lüneburger Bergen-Belsen-Prozess erstmals auf NS-Verbrechen angewendet hatten, sorgte ebenfalls für Kontroversen. Damit wurde die Berufung auf einen angeblichen „Befehlsnotstand" erschwert, weil der Vorwurf auf die wissentliche und aktive Durchführung eines gemein-

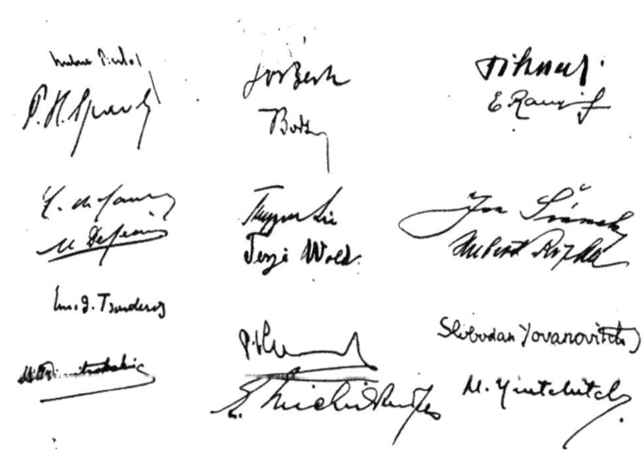

Deklaration von St. James, 13. Januar 1942 [Auszug]

University of California, San Francisco

schaftlichen kriminellen Unternehmens abzielte und weniger auf verbrecherische Einzeltaten.

Der Tatvorwurf in den Anklageschriften lautete somit: Verstoß gegen die Gesetze und Gebräuche des Krieges, begangen durch Beihilfe und Beteiligung an einem gemeinsam durchgeführten verbrecherischen Unternehmen zur Misshandlung und Tötung von Zivilistinnen und Zivilisten und Kriegsgefangenen der mit Deutschland während des Zweiten Weltkriegs im Kriegszustand befindlichen Nationen.

Bemerkenswert ist dabei, dass die Anklage in den US-Militärgerichtsverfahren wegen Kriegsverbrechen erfolgte, während der durch das Londoner Statut im August 1945 eingeführte und stark am angloamerikanischen Recht orientierte[9] Straftatbestand des „Verbrechens gegen die Menschlichkeit" keine Berücksichtigung fand. Das am 20. Dezember 1945 erlassene Kontrollratsgesetz Nr. 10 schuf zonenübergreifend einheitliche Grundlagen für die Anklage mit diesem Straftatbestand. Er wurde nach der Festlegung „verbrecherischer Organisationen" durch das Internationale Militärtribunal im Oktober 1946 in den Nürnberger Nachfolgeverfahren und schrittweise auch in der deutschen Rechtsprechung angewendet. Begleitet wurden diese Verfahren von einer längeren Debatte über die Verletzung des in der deutschen Rechtstradition besonders hoch gehaltenen Rückwirkungsverbots im Strafrecht und eine angebliche „Siegerjustiz".

1 Vgl. Headquarters, Third US Army and Eastern Military District, Office of Judge Advocate, Review of Proceedings of General Military Court in the Case of United States vs. Martin Gottfried Weiss et al., S. 139, https://www.jewishvirtuallibrary.org/jsource/Holocaust/dachautrial/d3.pdf.

2 Vgl. Gerd Hankel, Die Leipziger Prozesse. Deutsche Kriegsverbrechen und ihre strafrechtliche Verfolgung nach dem Ersten Weltkrieg, Hamburg 2003.

3 Vgl. Sigel, Interesse, S. 26.

4 Vgl. ebenda, S. 34.

5 Vgl. Lessing, Dachauer Prozess, S. 59 ff.; Sigel, Interesse, S. 36.

6 Zusätzlich zur Ordinance No. 2 wurden hierfür die USFET-Direktive vom 7.7.1945, die Rules of Procedure in Military Government Courts vom Juni 1945, der Guide to Procedure in Military Government Courts vom Juni 1945 und der Brief des Headquarters USFET vom 16.7.1945 herangezogen.

7 Vgl. Lessing, Dachauer Prozess, S. 66.

8 Vgl. Lisa Yavnai, U.S. Army War Crimes Trials in Germany, 1945–1947, in: Heberer/Matthäus (Hrsg.), Atrocities, S. 49–71, hier S. 54.

9 Vgl. Andreas Mix, Der Internationale Militärgerichtshof und die Nürnberger Nachfolgeprozesse, in: Enrico Heitzer et al. (Hrsg.), Im Schatten von Nürnberg. Transnationale Ahndung von NS-Verbrechen (Forschungsbeiträge und Materialien der Stiftung Brandenburgische Gedenkstätten, Bd. 25), Berlin 2019, S. 58–67, hier S. 60.

DIE ANKLÄGER
THE PROSECUTORS
DACHAU DETACHMENT
WAR CRIMES GROUP
JUDGE ADVOCATE DIVISION

Die Ankläger

Die amerikanischen Ankläger im Mauthausen-Hauptprozess. Im Vordergrund Chefankläger William D. Denson, Jurist und zuvor Dozent an der Militärakademie West Point, Frühjahr 1946

United States Holocaust Memorial Museum, Washington, D.C.

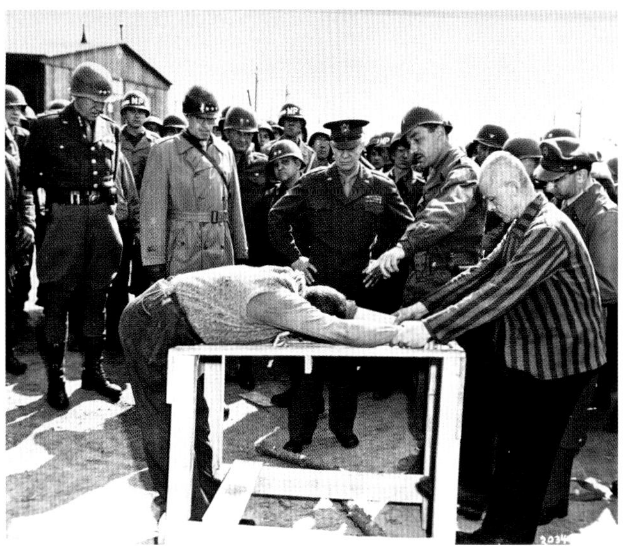

Die Generäle Dwight D. Eisenhower (Mitte), Omar N. Bradley (2. v. links) und George S. Patton (links) lassen sich von Überlebenden des Buchenwalder Außenlagers Ohrdruf Foltermethoden demonstrieren, 12. April 1945

United States Holocaust Memorial Museum, Washington, D.C.

Am 8. Juli 1945 wurde der US-Oberbefehlshaber General Eisenhower vom US-Generalstab ermächtigt, mit der Durchführung von Kriegsverbrecherprozessen in der amerikanischen Besatzungszone zu beginnen.[1] Angehörige der US-Militärjustizabteilung, des Judge Advocate General Department (JAGD), waren mit der Vorbereitung und Abhaltung der Verfahren betraut.

Zu diesem Zweck war bereits vor Kriegsende eine spezielle Ermittlungsabteilung, die War Crimes Group, eingerichtet worden. Ihre Aufgabe umfasste das Sammeln von Beweismitteln und die Befragung von Zeuginnen und Zeugen von Kriegsverbrechen. Im Februar 1945 konnten sieben spezielle War Crimes Investigation Teams eingerichtet werden, die der kämpfenden Truppe folgten oder an den Kampfhandlungen in Westeuropa teilnahmen. Das Hauptquartier befand sich bis zum Kriegsende in Paris und anschließend in Wiesbaden. Von dort wurde der Sitz der Einheit im November 1946 zunächst nach Augsburg und über Freising schließlich nach München verlegt.[2] Die Anzahl der Mitarbeitenden, die an der Arbeit der War Crimes Group beteiligt waren, erhöhte sich bis Ende 1946 auf 1164 Personen.[3]

Die Ermittler waren Soldaten der US-Armee mit einer juristischen Ausbildung. So wurde etwa die Anklageschrift für den Dachau-Hauptprozess unter der Leitung von Colonel David E. Chávez jr., Chief Investigator der War Crimes Group, erstellt. Chávez war im zivilen Leben Richter am Obersten Gerichtshof von New Mexico.

Die Anklage wurde bei US-Militärgerichtsverfahren von mindestens vier Offizieren der US-Armee vertreten. Das Anklageteam bestand aber aus zahlreichen Mitarbeitenden, darunter auch Schreibkräfte sowie Dolmetscherinnen und Dolmetscher. Mit den Übersetzungen der Dokumente und der Zeugenaussagen vor Gericht betraute man zum Teil deutsche Emigrantinnen und Emigranten, die die US-Staatsbürgerschaft angenommen hatten.

Das Büro der War Crimes Group auf dem Gelände des ehemaligen KZ Dachau, März 1946

United States Holocaust Memorial Museum, Washington, D.C.

Horace R. Hansen, Jurist, inspiziert die Feldscheune in Isenschnibbe bei Gardelegen. Am 13. April 1945 wurden dort unter Führung der SS über 1000 Häftlinge des KZ Mittelbau-Dora bei lebendigem Leib verbrannt, Aufnahme vom 14. April 1945

University of Minnesota Law Library, Minneapolis

David E. Chavéz jr., Jurist, undatiert

KZ-Gedenkstätte Dachau

D A C H A U

A H R E N :

Hscharf.
August 1942 - April 1945. Accused of ill-treating prisoners.

Source: Depositions on Concentration Camps (R/G/25/7C).

B A C H, Willi:

Oscharf.
Came to Dachau in 1939; fled on 24th April 1945; very brutal; constantly flogged prisoners and was dreaded by all.

Source: Depositions on Concentration Camps (R/G/25/7C).

B A R T E L S :

Member of camp police. (October 1944 - April 1945). Brutal character. Violently beat prisoners.

Source: Depositions on Concentration Camps (R/G/25/7C).

B I A L K O W S K I :

SBF.
Camp Commandant (from 1940 - 43). One of the worst SS-types. Approved and personally took part in the torture of prisoners.

Source: Charge 416/Fr/G/120. Report on atrocities, PID 38/D (R/C/1/10 F). Czechoslovak Report on Dachau 6/11/45.

B L A N K :

SS-Unterscharführer.
Reported at one of the worst block-leaders in Dachau. Shot and tortured to death innumerable prisoners.

Source: Simolka's Deposition, Appendix V. Research Records.

B O E T T G E R (BOETTCHER):

Hscharf.
Rapportführer at Dachau in 1942 from Waffen SS. Very brutal. Involved in shooting three French and one English woman in July 1944. Domicile at Munich, Dachauerstr.

Source: Depositions on concentration camps (R/G/25/7C) Czechoslovak Report on Dachau 6/11/45.

B R A C H T E L, Dr.:

HSF.
MO - September 1942. Accused of maltreatment of prisoners.

Source: Charges 465/Cz/G/15, 399/Cz/G/8. M.I.14(d)/3/OS/60/45.

46092-1 2

United Nations War Crimes Commission, Staffs of the German Concentration Camps, III Dachau, mit Stempel vom 15. November 1945 [Ausschnitt]

United Nations Archives and Records Management Section, New York

Zentraler Anklagevertreter bei den Dachauer Prozessen war William D. Denson. Er hatte in Harvard Jura studiert und an der Militärakademie West Point unterrichtet.[4] Im August 1945 wurde er zum Chefankläger für den Dachau-Hauptprozess ernannt. Zudem war er Chefankläger in den Hauptverfahren zu den KZ Buchenwald, Flossenbürg und Mauthausen. Dabei erwirkte Denson die Verurteilung von 172 der 184 Angeklagten. Insgesamt war er an annähernd 100 Verfahren beteiligt.

Nach eigener Aussage hatte er anfangs kam glauben können, dass solche grauenvollen Verbrechen und sadistischen Handlungen in den Konzentrationslagern begangen

William D. Denson (l.) lässt sich vom Angeklagten Dr. Wilhelm Witteler Verhörmethoden demonstrieren, November 1945

University of Minnesota Law Library, Minneapolis

Die Bank der Anklagevertreter, v. l. n. r.: Philipp Heller, Richard G. McCuskey, William D. Denson, Paul Guth, William D. Lines, im Vordergrund Übersetzer Werner Conn, November 1945

University of Minnesota Law Library, Minneapolis

worden waren. Für ihn sei das größte Problem der Anklage gewesen, auch das Gericht von dieser Tatsache zu überzeugen.[5]

Zentral für das Team um Denson war der Nachweis des Common Design als gemeinschaftlicher Tat aller Angeklagten.[6] Das Common Design stammte aus der anglo-amerikanischen Rechtstradition und war aus dem Straftatbestand der Verschwörung (Conspiracy) abgeleitet worden. Im Unterschied zur Verschwörung setzte das Common Design die wissentliche und willentliche Teilnahme, aber keine ausdrückliche Absprache zur Begehung von Verbrechen, voraus. Den Angeklagten der Dachauer Prozesse konnte dadurch, unabhängig von ihren individuellen Taten, die Mitwirkung an einem System von Tötungen und Misshandlungen vorgeworfen werden.[7] In Hinblick auf die KZ-Hauptprozesse bedeutete dies, dass das Betreiben eines Konzentrationslagers das eigentliche Delikt war und jede Funktion und Tätigkeit im KZ-System einen Teil dieses Verbrechens darstellte. Die Ankläger standen demnach vor der Herausforderung, nachweisen zu müssen, dass es sich bei einem Konzentrationslager um ein verbrecherisches System handelte und jede bzw. jeder Angeklagte darüber Bescheid wusste.[8]

Das Common Design erschwerte die Berufung auf einen Befehlsnotstand. Allerdings konnten die Gerichte den Angeklagten auf Grundlage ihrer jeweiligen Position unterschiedliche Tat- und Schuldanteile zurechnen und bei Nachweis der Nichtteilnahme am Gesamtunternehmen in Ausnahmefällen auch auf Freispruch erkennen. Individuelle Verbrechen spielten in erster Linie bei der Strafzumessung eine Rolle.[9] Die Anklageschriften benannten zunächst Grausamkeiten und Morde an alliierten Kriegsgefangenen sowie Zivilpersonen der mit den USA verbündeten Staaten als Vergehen. Später wurde dies auf alle nicht-deutschen Kriegsgefangenen und Zivilistinnen und Zivilisten ausgedehnt.

Ein Hauptprozess zu einem Konzentrationslager hatte als 'Parent Case' bindende Wirkung für alle Folgeverfahren zu diesem Verbrechenskomplex. Der kriminelle Charakter eines bestimmten Konzentrationslagers musste dann im Folgeverfahren nicht mehr gesondert bewiesen werden.

In der Sonderausstellung wurde ein Holzbuch gezeigt, das dem Militärstaatsanwalt Burton French Ellis gehörte. Es handelte sich um eine Leihgabe der University of Idaho in Moscow, Idaho. Ellis, im Zivilleben Rechtsanwalt, hatte am Zweiten Weltkrieg auf dem pazifischen Kriegsschau-

William D. Denson (stehend) beim Schlussplädoyer im Dachau-Hauptprozess; im Hintergrund das Publikum, Dezember 1945

National Archives and Records Administration, Washington, D.C.

Burton French Ellis (stehend) während der Befragung des SS-Untersturmführers Kurt Kramm im Malmedy-Prozess, 27. Mai 1946

United States Holocaust Memorial Museum, courtesy of National Archives and Records Administration, Washington, D.C.

platz teilgenommen. 1945 wurde er nach Dachau versetzt und war ein Jahr später Chefankläger im Malmedy-Prozess.

Auf der Innenseite des Buches sind Widmungen der Teilnehmer des Malmedy-Prozesses zu sehen. Die Unterschriften bieten einen interessanten Einblick in die sozialen Beziehungen der amerikanischen Offiziere untereinander. Obwohl alle Mitglieder der Militärjustizabteilung (JAGD) als Verteidiger wie auch als Ankläger in den Dachauer Prozessen auftraten, haben in diesem Erinnerungsbuch keine Vertreter der Verteidigung unterzeichnet. Neben den Repräsentanten der Anklage haben auch Zeugen der Anklage unterschrieben, darunter Virgil Larry und Kenneth Kingston, die das Malmedy-Massaker überlebt hatten und während des Prozesses als Zeugen aussagten. Verzierte Holzbücher wie dieses dienten den am Prozessgeschehen Beteiligten als Erinnerungsstücke.

---

1 Vgl. Sigel, Interesse, S. 38.
2 Vgl. Straight, Report, S. 3f.
3 Vgl. Straight, Report, Appendix II, S. 92.
4 Vgl. Joshua Greene, Justice at Dachau. The Trials of an American Prosecutor, New York 2003, S. 17.
5 Vgl. United States Holocaust Memorial Museum, The Jeff and Toby Herr Oral History Archive, RG-50.030.0268, Interview mit William Denson, 25.8.1994, Transkript, S. 7f.
6 Vgl. Greene, Justice, S. 43.
7 Vgl. Sigel, Interesse, S. 43.
8 Vgl. ebenda, S. 44.
9 Vgl. ebenda.

DIE VERTEIDIGER
THE DEFENSE LAWYERS
Die Verteidigerbank im Dachau-Hauptprozess: Douglas T. Bates II (sitzend links), John A. May (sitzend rechts) und Hanscarl von Posern (stehend rechts) beraten sich; im Hintergrund die Angeklagten, November 1945
United States Holocaust Memorial Museum, Washington D.C.
The defense counsel at the Dachau Main Trial: Douglas T. Bates II (seated left), John A. May (seated right), and Hanscarl von Posern (standing right) in discussion; the defendants in the background, November 1945
United States Holocaust Memorial Museum, Washington D.C.
US-Offiziere verteidigten die Angeklagten, teilweise unter Hinzuziehung deutscher Anwälte. Die amerikanischen Juristen argumentierten, dass die Beschuldigten unter einem »Befehlsnotstand« gehandelt oder sich in einem »allgemeinen Kriegszustand« befunden hätten. Die Verteidigung beharrte auf dem im deutschen Strafrecht nötigen Nachweis einzelner Taten und kritisierte das »Common Design« als Pauschalvorwurf, der alle gleichermaßen zu Tätern eines Verbrechens mache. Diejenigen US-Offiziere unter den Verteidigern, die an Kampfhandlungen teilgenommen hatten, empfanden die Anklagen teilweise als überzogen.
Die US-Verteidiger zeigten teilweise hohen persönlichen Einsatz, um die Situation ihrer Mandanten zu verbessern, und trugen damit zu einem fairen Verfahren bei.
U.S. officers defended the accused, who in some instances called on the services of German lawyers. The American jurists argued that the suspects had acted on "binding superior orders" or had found themselves in a "general state of war." The defense insisted on proof of individual crimes, as required by German criminal law, and criticized that "Common Design" was a generalized charge that turned everyone into the perpetrators of a crime to the same degree. The U.S. officers amongst the defense lawyers who had seen action in the war found the charges laid to be exaggerated in some cases.
Some of the U.S. defense lawyers put in enormous personal effort and tried to improve the situation of their clients, contributing to the holding of a fair trial.

Die Verteidiger

Die Verteidigerbank im Dachau-Hauptprozess: Douglas T. Bates II (sitzend links), John A. May (sitzend rechts) und Hanscarl von Posern (stehend rechts) beraten sich; im Hintergrund die Angeklagten, November 1945

United States Holocaust Memorial Museum, Washington, D.C.

Douglas T. Bates II (stehend) hält sein Plädoyer, neben ihm die übrigen Verteidiger, dahinter die Angeklagten, 12. Dezember 1945

University of Minnesota Law Library, Minneapolis

Die Verteidigung der Beschuldigten wurde von Offizieren der US-Armee übernommen. Auf Ersuchen der Angeklagten war es möglich, zudem deutsche Anwälte hinzuzuziehen. Die amerikanischen Verteidiger, ebenfalls ausgebildete Juristen, argumentierten, dass die Beschuldigten in einem „Befehlsnotstand" gehandelt oder sich in einem „allgemeinen Kriegszustand" befunden hätten. Sie beharrten auf dem im deutschen Strafrecht nötigen Nachweis einzelner Taten und kritisierten das Common Design als Pauschalvorwurf, der alle gleichermaßen zu Täterinnen bzw. Tätern eines Verbrechens machen würde. Dadurch hätte jede Ausübung einer Funktion in einem Konzentrationslager als Schuld angesehen werden können, wodurch die Unterscheidung von Tat und Beihilfe verwischt worden wäre. Damit stützten die amerikanischen Verteidiger den Vorwurf der „Siegerjustiz", der von großen Teilen der deutschen Bevölkerung gegen die Dachauer Prozesse erhoben wurde.

Die Anwälte, die gleichzeitig bis zu zehn Mandanten vertraten, sahen sich nicht in der Lage, in kurzer Zeit Beweise für die individuelle Unschuld der Angeklagten beizubringen. Die US-Verteidiger zeigten hohen persönlichen Einsatz, um die Situation ihrer Mandantinnen und Mandanten zu verbessern, und trugen damit auch zu einem fairen Verfahren bei. Unter den Verteidigern gab es einige US-Offiziere, die selbst an Kampfhandlungen teilgenommen hatten und die Anklagen als unfaire Fortsetzung des Krieges empfanden.

Der Anwalt Douglas T. Bates II wurde zum Chefverteidiger im Dachau-Hauptprozess bestimmt. Im Gegensatz zu Chefankläger William D. Denson hatte Bates als Artillerieoffizier bei einer Kampfeinheit gedient. Danach war er für kurze Zeit Ermittler von Kriegsverbrechen in einem War Crimes Investigation Team gewesen. Er sah sich als „tapferer Soldat" und „kleiner Anwalt vom Land", der auch vor dem Gericht in Dachau um seine Anerkennung als Jurist kämpfte.

Douglas T. Bates II im Militärlager an der Front in Frankreich, 1944

Douglas T. Bates IIII, Centerville (Tennessee)

night. Needless to say we are beginning to feel the strain. Let it be well understood that I was ordered to do this job. Since I was ordered to do this, over my protest. I nevertheless intend to do the best I can toward defence of these people – all probably guilty. Public sentiment is bitter against the forty defendants and many can not understand why we are really working on the defence. I don't know that I understand it either except that I'm just made that way and cant help it. You will probably read about the Dachau trial in some of the papers and periodicals. There are one or two among the defendants of international fame or infamy if you please. The press may be critical of our defence of these people. You must remember two things – first – we were ordered to do this job – second – having been ordered to do the job we feel the responsibility for the lives of forty people guilty or not

Douglas T. Bates II an seine Frau Kitty, 22. November 1945 [Auszug]

Douglas T. Bates III, Centerville (Tennessee)

Die weiteren Mitglieder des US-Verteidigerteams waren die Juristen John A. May, Maurice J. McKeown und Dalwin J. Niles. Hinzu kam der deutsche Anwalt Hanscarl von Posern, der 1930 der NSDAP beigetreten war, diese jedoch im darauffolgenden Jahr wieder verlassen hatte. 1937 und 1941 war er wegen des Verdachts auf Hochverrat inhaftiert worden. Posern war im Außenlager St. Valentin des KZ Mauthausen Lagerschreiber und Kapo gewesen. Als Verteidiger im Dachau-Hauptverfahren und mehreren Folgeprozessen setzte er sich für beschuldigte SS-Angehörige ein. Im November 1947 wurde er selbst in einem Folgeverfahren des Mauthausen-Hauptprozesses angeklagt und zu lebenslanger Haft verurteilt.

Zu Beginn der Verhandlungen versuchte die Verteidigung den Prozess durch Eingaben an das Gericht zu vereiteln. Sie argumentierte, dass sich Kriegsverbrechen laut Definition nur zwischen den Angehörigen verschiedener Nationen abspielen könnten. Da die Anklageschrift weder die nationale Zugehörigkeit der Angeklagten noch die Nationalität der Opfer nannte, sei unklar, ob es sich bei den Tätern um Angehörige des Deutschen Reiches beziehungsweise bei den Opfern um Angehörige von Nationen handle, die sich im Krieg mit dem Deutschen Reich befunden hatten. Beide Eingaben lehnte das Gericht mit der Begründung ab, dass die Nationalität der Täter und Opfer über die Anklageschrift hinaus ausreichend dokumentiert sei, die Ahndung von Kriegsverbrechen unabhängig von einer möglichen nationalen Zuordnung der Opfer erfolgen könne und es sich bei dem eigentlichen Strafvorwurf um den Betrieb eines Konzentrationslagers als verbrecherisches System handle.

Ebenfalls abgelehnt wurde eine dritte Eingabe der Verteidigung, die mit Verweis auf Artikel 63 der Genfer

John A. May (stehend) bei seinem Plädoyer, Dezember 1945
William Breman Jewish Heritage & Holocaust Museum, Atlanta (Georgia)

Hanscarl von Posern auf der Verteidigerbank, November 1945 [Ausschnitt]
National Archives and Records Administration, Washington, D.C.

Kriegsgefangenenkonvention das Gericht für unzuständig zu erklären versuchte, da es sich bei den Angeklagten um Kriegsgefangene gehandelt hätte. Die Anklage argumentierte demgegenüber erfolgreich, dass die Beschuldigten die ihnen zur Last gelegten Taten vor ihrer Kriegsgefangenschaft begangen hätten und dementsprechend nicht als Kriegsgefangene, sondern als Kriegsverbrecher zu behandeln seien.[1]

Die Verteidiger konnten die Verurteilung aller Angeklagten im Dachau-Hauptprozess nicht verhindern. Durch Eingaben beim Obersten Gerichtshof der USA und Gnadengesuche an den US-Präsidenten Harry S. Truman versuchten sie die Urteile zu mildern. In einem in der Ausstellung gezeigten Brief an Philipp Auerbach, den Staatskommissar für rassisch, religiös und politisch Verfolgte in Bayern, beurteilt Hanscarl von Posern den Dachau-Hauptprozess insgesamt als gerecht, wirft jedoch der Anklage unfaire Verhandlungsführung vor.

Im Einsatz für die Angeklagten tat sich der Chefverteidiger im Malmedy-Prozess, Willis Mead Everett, besonders hervor. Er war davon überzeugt, dass die angeklagten SS-Angehörigen während der Verhöre Misshandlungen ausgesetzt gewesen seien und zu Geständnissen gezwungen worden wären. In Everetts Schriften und Äußerungen ist die paranoide Vorstellung einer „jüdischen Verschwörung“ innerhalb der amerikanischen Besatzungsbehörde erkennbar. Diese äußerte sich vor allem in der abwertenden Bezeichnung von amerikanischem Personal als 'Morgenthau Boys', eine Anspielung auf den ehemaligen jüdischen US-Finanzminister Henry Morgenthau. Sowohl das Office of Military Government wie auch das Theater Judge Advocate's Office und die War Crimes Group seien

Otto Schulz, vormals SS-Untersturmführer und Betriebsleiter bei den Deutschen Ausrüstungswerken, beantwortet die Fragen seines Verteidigers John A. May (stehend), 30. November 1945

United States Holocaust Memorial Museum, Washington, D.C.

von „rachsüchtigen Juden" unterwandert.[2] Everetts antisemitische Äußerungen richteten sich auch gegen William Perl, einen Ermittler der War Crimes Group, und Abraham Rosenfeld, beisitzender Richter im Malmedy-Prozess.

Nach der Urteilsverkündung, die mit dem Todesurteil für 43 Angeklagte endete, verfasste Everett eine Petition an den US Supreme Court mit dem Antrag auf Revision. Darin behauptete er, dass die Urteile ungültig wären, da die Angeklagten schwer und regelmäßig misshandelt worden seien. Weiterhin habe das Gericht die Verteidigung von vornherein benachteiligt: Die Vorbereitungszeit wäre nicht angemessen gewesen und Dokumente wie auch Beweise seien der Verteidigung vorenthalten worden.[3] Everetts Petition wurde vom Supreme Court abgelehnt. Ein Untersuchungsausschuss, der vom amerikanischen Oberbefehlshaber und Militärgouverneur General Clay 1948 einberufen wurde, entkräftete Everetts Behauptungen: Anklage und Verteidigung seien unter dem gleichen Zeitdruck gestanden und im US-Strafprozessrecht sei es nicht vorgesehen, dass die Prozessparteien ihre Dokumente und Beweise miteinander teilten.[4]

Everetts Aktivitäten trugen dennoch wesentlich zu der Entwicklung der bundesdeutschen Amnestiekampagne bei, die mittelfristig zur Aussetzung aller Todesurteile aus dem Malmedy-Prozess führte. Diese bereitete den politischen Nährboden, der schließlich zur Freilassung aller in den Dachauer Prozessen verurteilten Kriegsverbrecherinnen bzw. -verbrecher bis Mai 1958 führte.

Die Angeklagten bedanken sich nach dem Dachau-Hauptprozess per Handschlag bei ihren Verteidigern, darunter Douglas T. Bates II (links, mit Zigarette), 13. Dezember 1945

United States Holocaust Memorial Museum, Washington, D.C.

1 Vgl. ebenda, S. 45f.

2 Vgl. Remy, Malmedy Massacre, S. 131.

3 Vgl. Sigel, Interesse, S. 136.

4 Vgl. ebenda, S. 136f.

DIE ANGEKLAGTEN
THE ACCUSED
Unter den 40 Angeklagten im Dachau-Hauptprozess befanden sich Angehörige verschiedenster Ränge des ehemaligen KZ-Personals (vom Kommandanten bis zum Wachmann) als auch Lagerärzte und ein Gestapo-Beamter. Zudem waren drei Funktionshäftlinge angeklagt. So wollten die US-Ankläger gemäß „Common Design“ nachweisen, dass das KZ auf allen Ebenen verbrecherisch gewesen sei.
Die Angeklagten verweigerten oft die Aussage, leugneten ihre Taten, redeten ihren eigenen Handlungsspielraum klein und wälzten die Verantwortung für Verbrechen auf Vorgesetzte und andere Dienststellen ab.
Amongst the forty accused in the Dachau Main Trial were members of various ranks from the camp's former personnel (from commandant down to guard) as well as camp doctors and a Gestapo official. Three prisoner functionaries were also charged. In line with "Common Design," with this wide array of defendants the prosecution aimed to prove that a concentration camp was criminal on all levels.
The accused often refused to answer questions, denied their actions, played down how much room for maneuver they actually had, and foisted responsibility for crimes on to their superiors and other departments or groups.
Die Angeklagten im Dachau-Hauptprozess im November 1945:
The accused of the Dachau Main Trial in November 1945:

Die Angeklagten

Unter den 40 Angeklagten im Dachau-Hauptprozess befanden sich Angehörige verschiedenster Ränge des ehemaligen KZ-Personals (vom Kommandanten bis zum Reservewachmann) sowie Lagerärzte und ein Gestapo-Beamter. Zudem waren drei Funktionshäftlinge angeklagt. Damit wollten die US-Ankläger im Sinne des Common Design nachweisen, dass das KZ-System auf allen Ebenen verbrecherischen Charakter besessen habe. Die Angeklagten verweigerten häufig die Aussage, leugneten ihre Taten, redeten ihren eigenen Handlungsspielraum klein

Die Angeklagten im Dachau-Hauptprozess im November 1945:
Erste Reihe v. l. n. r.: Martin Gottfried Weiß, Friedrich Wilhelm Ruppert, Josef Jarolin, Franz Xaver Trenkle, Engelbert Niedermeyer, Josef Seuß, Leonhard Anselm Eichberger, Wilhelm Wagner, Johann Kick und Dr. Fritz Hintermayer.
Zweiter Reihe v. l. n. r.: Dr. Wilhelm Witteler, Johann Baptist Eichelsdörfer, Otto Förschner, Dr. Hans Eisele, Prof. Dr. Claus Schilling, Christof Ludwig Knoll, Dr. Fridolin Puhr, Franz Böttger, Peter Betz und Anton Endres.
Dritte Reihe v. l. n. r.: Simon Kiern, Michael Redwitz, Wilhelm Welter, Rudolf Heinrich Suttrop, Wilhelm Tempel, Hugo Lausterer, Fritz Becher, Alfred Kramer, Sylvester Filleböck und Vinzenz Schöttl.
Vierte Reihe v. l. n. r.: Albin Gretsch, Johann Viktor Kirsch, Emil Mahl, Walter Adolf Langleist, Johann Schöpp, Arno Lippmann, Fritz Degelow, Otto Moll, Otto Schulz und Friedrich Wetzel.
University of Minnesota Law Library, Minneapolis

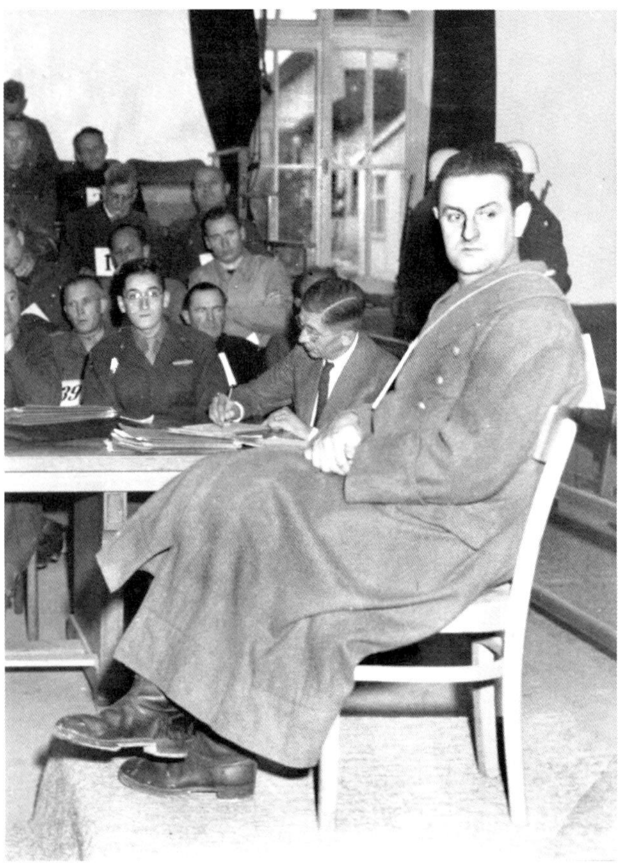

Martin Gottfried Weiß, SS-Obersturmbannführer und Kommandant des KZ-Dachau, bei seiner Vernehmung während des Dachau-Hauptprozesses, November 1945 [Ausschnitt]

United States Holocaust Memorial Museum, Washington D.C.

Michael Redwitz, SS-Hauptsturmführer und Schutzhaftlagerführer, nach seiner Internierung durch die US-Armee, 29. April 1945

United States Holocaust Memorial Museum, Washington D.C.

und wälzten die Verantwortung für Verbrechen auf Vorgesetzte und andere Dienststellen wie die SS-Reichsführung, das SS-Wirtschafts- und Verwaltungshauptamt, das Reichssicherheitshauptamt oder die Gestapo ab. Die Gestapo München hatte jedoch keine Weisungsbefugnisse gegenüber dem KZ-Kommandanten.[1] Die anderen Stellen machten allerdings Vorgaben, bei deren Umsetzung vor Ort das Lagerpersonal Handlungsspielräume hatte. Aber selbst bei sichtbaren katastrophalen Folgen für Ernährung und Gesundheit der Häftlinge hatten die Angeklagten nicht nachhaltig interveniert.

Die von den Amerikanern Internierten bereiteten sich auf einen möglichen Prozess vor, indem sie ihre Aussagen und ihre Verteidigung untereinander absprachen. Der Dachau-Überlebende Pater Leonhard Roth, der im Internierungslager seelsorgerisch tätig war, erklärte dazu: „Meineide sind an der Tagesordnung."[2] In dieser Atmosphäre konnte sich eine Orientierung an der NS-Ideologie erhalten: Antisemitische Feindbilder wirkten ebenso fort, wie die Vorstellungen vom grundsätzlich kriminellen und staatsfeindlichen Charakter der ehemaligen Häftlinge. Im Gegenzug erweckten schleppend anlaufende Vernehmungen und Verfahren den Eindruck eines willkürlichen Ausgeliefertseins und begünstigten bei den Internierten eine Selbstwahrnehmung als ungerecht behandelte Opfer. Die zumeist vor 1941 eingegangene Mitgliedschaft in der Waffen-SS versuchten manche Angeklagte als „Verpflichtung" darzustellen, obwohl solche zwangsweisen Überführungen

Johann Kick (sitzend), SS-Obersturmführer und Kriminalkommissar, während der Befragung durch seinen Verteidiger Maurice J. McKeown, November 1945

United States Holocaust Memorial Museum, Washington D.C.

Otto Förschner, SS-Sturmbannführer und Kommandant des Außenlagerkomplexes Kaufering, November 1945

KZ-Gedenkstätte Dachau

frühestens ab 1943 erfolgt waren.[3] Vor ihren gerichtlichen Aussagen nahmen die Angeklagten mündlich beziehungsweise schriftlich Stellung zu den Anklagepunkten.

Zum Zweck der Identifizierung mussten ehemalige SS-Männer und Häftlinge einander erneut gegenübertreten. Prozessbeteiligte erwähnen dabei eine „Schaubühne", auf der die Angeklagten vor der Verhandlung identifiziert wurden. Diese lässt sich gegenwärtig nicht mehr eindeutig lokalisieren, dürfte sich aber aller Wahrscheinlichkeit nach auf dem ehemaligen Lagergelände befunden haben, da die Amerikaner aus pragmatischen Gründen die Nähe zu den Gerichtsgebäuden wahren wollten.

Martin Gottfried Weiß, der von September 1942 bis Oktober 1943 Kommandant war, hatte mit drakonischen Maßnahmen die Lebens- und Arbeitsbedingungen vieler – vor allem der ausländischen – KZ-Insassen verschlechtert. Er aber behauptete, sich um eine Verbesserung der Lage der Häftlinge bemüht zu haben, was sich hauptsächlich zugunsten deutscher Funktionshäftlinge auswirkte. Die Verantwortung für Selektionen und Hinrichtungen versuchte er auf andere abzuwälzen. Mit den „Abschiedsworten an seine beiden Söhne" von Anfang 1946 bekräftigte der zum Tode verurteilte Weiß sein Festhalten an der NS-Ideologie und fehlende Einsicht in seine Schuld.

Michael Redwitz, der als Erster Schutzhaftlagerführer im KZ Dachau für den Vollzug der Lagerstrafen verantwortlich gewesen war, wurde wegen Misshandlung von

Johann Schöpp (mit der Nummer 35), SS-Mann, auf der Anklagebank, November 1945

KZ-Gedenkstätte Dachau

Emil Mahl, Funktionshäftling, während seiner Befragung, November 1945

University of Minnesota Law Library, Minneapolis

Dr. Hans Eisele (stehend mit der Nr. 14), SS-Hauptsturmführer und Lagerarzt, während der Verlesung der Anklage, 17. November 1945

United States Holocaust Memorial Museum, Washington D.C.

Häftlingen angeklagt. Er gab lediglich zu, bei vierzig Exekutionen zugegen gewesen zu sein.

Johann Kick war als Leiter der Politischen Abteilung im KZ Dachau an Folterungen bei Verhören beteiligt gewesen. Er bestritt, für die Deportationen arbeitsunfähiger Häftlinge („Invalidentransporte") in die Tötungsanstalt Schloss Hartheim bei Linz verantwortlich gewesen zu sein.

Otto Förschner war als ehemaliger Lagerführer des Dachauer Außenlagerkomplexes Kaufering angeklagt, einen Häftling mit einem Eisenrohr erschlagen zu haben. Förschner behauptete hingegen, die Lebens- und Arbeitsbedingungen der Häftlinge verbessert zu haben.

Der SS-Mann Johann Schöpp war der rangniedrigste Angeklagte. Als „Volksdeutscher" aus Rumänien war er zur Waffen-SS verpflichtet worden und versah vertretenden Wachdienst im KZ Dachau sowie im Außenlager Feldafing. Individuell konnten ihm keine Verbrechen nachgewiesen werden.

Der ehemalige Häftling Emil Mahl war als „Berufsverbrecher" inhaftiert gewesen und hatte als Kapo an Exekutionen von Mitgefangenen teilgenommen. Mahl gab an, er sei dazu gezwungen worden und habe im Falle einer Weigerung um sein Leben fürchten müssen. Er stellte sich der Anklage als Zeuge zur Verfügung.

Der SS-Arzt Dr. Hans Eisele war sowohl im Dachau- als auch im Buchenwald-Hauptprozess angeklagt. Beide gegen ihn verhängten Todesstrafen wurden später in Haftstrafen umgewandelt. Sein Fall erregte im Nachhinein besonderes Aufsehen: Als 1958 aufgrund von Aussagen im NS-Strafverfahren gegen den ehemaligen SS-Hauptscharführer und „Henker von Buchenwald", Martin Sommer, neue westdeutsche Ermittlungen wegen weiterer Verbrechen gegen Eisele eingeleitet wurden, flüchtete dieser nach Ägypten.

Einen Sonderfall stellte Dr. Claus Schilling dar, dessen Malaria-Menschenversuche ein amerikanischer Verteidiger noch für „bedingt gnadenwürdig" hielt, da er keinen grundsätzlichen Unterschied zu Tests von neuen Medikamenten an Probanden in den USA erkennen könne.[4] Unter den zahlreichen, ihn belastenden Materialien und Aussagen stach die Aussage des polnischen Priesters Teodor Korcz (im Verfahrensprotokoll unter dem Namen Koch), der seine Versuche überlebt hatte, durch ihre Detailliertheit und Präzision hervor.[5] Die SS hatte Dr. Schilling ange-

Dr. Claus Schilling (Mitte), Tropenmediziner, auf der Anklagebank, November 1945
KZ-Gedenkstätte Dachau

boten, ihm KZ-Häftlinge für seine Malariaexperimente zur Verfügung zu stellen. Er führte daraufhin zahlreiche Menschenversuche im KZ Dachau durch, an denen mehrere Hundert Häftlinge starben. Der Arzt zeigte keine Reue, sondern bat vielmehr das Gericht, die Auswertung seiner Malariaexperimente beenden zu dürfen. Die Urteile gegen die angeklagten Ärzte reichten von Todesurteilen, wie gegen Schilling, bis hin zu Freisprüchen aus „Mangel an Beweisen", wie im Fall des in einem Dachau-Nachfolgeverfahren angeklagten Lagerarztes Dr. Rudolf Brachtel. Trotz des Verdachts der Beteiligung an der Selektion arbeitsunfähiger Häftlinge, die dann in Schloss Hartheim vergast wurden, entging Brachtel einer Verurteilung.[6]

Im Anschluss an das Dachau-Hauptverfahren beantragte die Verteidigung Freispruch für die drei Funktionshäftlinge Fritz Becher, Christof Knoll und Emil Mahl, die nicht dem KZ-Personal zugerechnet werden dürften, sowie für weitere acht Angeklagte wegen angeblich nicht erwiesener Exzesstaten. Doch der Verweis auf fehlende Exzesstaten, also solche, die über die bloße Befehlserfüllung hinausgingen, galt durch ihre Teilnahme am Common Design als entkräftet. Weiterhin machte das Gericht geltend, dass die Kapos durch ihre „gesteigerte Böswilligkeit" ihren Häftlingsstatus verwirkt hätten. Daher sei ihnen ebenfalls eine Teilnahme an dem „gemeinschaftlichen Unternehmen" der Verbrechen im KZ Dachau anzulasten.[7] Die Todesurteile für Becher und Knoll wurden vollstreckt. Das Todesurteil für Mahl wurde bei der Urteilsüberprüfung wegen seiner Aussagebereitschaft vor Gericht und einer im Vergleich zu den anderen beiden Funktionshäftlingen geringer einzustufenden Mitwirkung an den Verbrechen in eine zehnjährige Haftstrafe umgewandelt. Er kam bereits im Februar 1952 aus dem Kriegsverbrechergefängnis in Landsberg am Lech frei.

---

1 Vgl. Lessing, Dachauer Prozess, S. 155.
2 Zitiert nach Gabriele Hammermann, Verteidigungsstrategien der Beschuldigten in den Dachauer Prozessen und im Internierungslager Dachau, in: Eiber/Sigel (Hrsg.), Dachauer Prozesse, S. 86–108, hier S. 90 ff.
3 Vgl. Review of Proceedings, United States vs. Martin Gottfried Weiss et al., S. 104.
4 Vgl. Lessing, Dachauer Prozess, S. 248 f. Zum „Fall Schilling" siehe Sigel, Interesse, S. 71 ff.; Greene, Justice, S. 86 ff.
5 Vgl. DaA, A 3675, Dachau-Prozess, Vernehmungsprotokolle des Hauptprozesses gegen Weiß u. a., Bd. 2, S. 350–368. Zu Belastungen gegen Schilling siehe Review of Proceedings, United States vs. Martin Gottfried Weiss et al., S. 105 f.
6 Vgl. Bryant, Militärgerichtsprozesse, S. 118.
7 Vgl. Review of Proceedings, United States vs. Martin Gottfried Weiss et al., S. 156.

es wichtig, Vertreter aus jeder Betriebsphase zu haben.
ZEUGEN UND BEWEISMITTEL
WITNESSES AND EVIDENCE

Zeugen und Beweismittel

Wie konnten den mutmaßlichen Verbrecherinnen und Verbrechern ihre Taten nachgewiesen werden? Zeugenanhörungen und die Vorlage von Beweismitteln dienten dazu, die Zusammenhänge zwischen dem Kreis der Täterinnen und Täter und einer Tat eindeutig zu belegen.

Im Dachau-Hauptprozess wurden insgesamt 162 Zeuginnen und Zeugen gehört. Die Verteidigung benannte mit insgesamt 93 Personen mehr als die Anklagevertretung mit 69. Auch die meisten der Angeklagten wurden von den Verteidigern als Zeugen zur Entlastung der Mitangeklagten aufgerufen.

Der Kreis der Zeuginnen und Zeugen setzte sich aus unterschiedlichen Gruppen zusammen. Zu den Wichtigsten zählten zweifellos die ehemaligen Häftlinge aus dem Konzentrationslager Dachau. Viele von ihnen waren schon an der Sicherung von Beweismitteln und Identifikation von Angeklagten beteiligt gewesen. In den Gerichtsverhandlungen wurden sie erneut mit den SS-Männern und KZ-Ärzten konfrontiert, von denen sie über Jahre hinweg schikaniert und misshandelt worden waren.

Die Verteidiger versuchten die Glaubwürdigkeit der Zeugen zum Beispiel durch die Erwähnung von Vorstrafen in Zweifel zu ziehen. Auf diese Weise waren sie bemüht, die Beweiskraft der Aussagen gegen die Angeklagten zu mindern. Hinzu kamen Fehlbehauptungen bis hin zu Aussagen, Überlebende würden als Zeugen gegen Bezahlung vor Gericht auftreten.

Die ehemaligen Gefangenen konnten selten genaue Daten und Zeiten zu Straftaten der Angeklagten angeben. Vereinzelt kam es zu Falschaussagen, Fehlidentifizierungen von Angeklagten, Personenverwechslungen und Zuschreibung von Taten, bei deren Begehung Angeklagte nachweislich nicht auf dem Gelände des KZ Dachau gewesen waren.[1] Solche Aussagen wurden von der Verteidigung gezielt aufgegriffen und in unzulässiger Weise verallgemeinert.

Beides – die Begegnung mit den Peinigern sowie die Angriffe auf die eigene Integrität – belasteten die bereits seelisch traumatisierten und in ihrer Gesundheit angegriffenen Lagerüberlebenden erneut schwer. Philipp Auerbach, selbst Überlebender des Holocausts und als „Staatskommissar für rassisch, religiös und politisch Verfolgte" in Bayern Beobachter der Prozesse, fasste seine verstörenden Eindrücke folgendermaßen zusammen:

> *„Wenn man einige Stunden den Gegenüberstellungen und Vorführungen beiwohnt, ist es schwer, für einen, der jahrelang den Torturen des Konzentrationslagers ausgesetzt war, ruhig mit anzuhören und zu sehen, wie diese Kriegsverbrecher und Verbrecher gegen die Menschlichkeit mit frecher Stimme kalt und höhnisch ihre Verbrechen verschleiern wollen, als ob nie etwas gewesen ist und als ob die Konzentrationslager die reinsten Erholungsheime waren."*[2]

Die Berichte des ehemaligen tschechischen Häftlingsarztes Dr. František Bláha (1896–1979) waren die ausführlichsten und detailliertesten im gesamten Dachau-Hauptprozess. Dies machte ihn zu einem der bedeutendsten Zeugen der Anklage unter den Überlebenden des KZ Dachau. Da Dr. Bláha im Krankenrevier des KZ Dachau eingesetzt worden

Michael Pellis, ehemaliger Häftling des KZ-Dachau und Zeuge im Dachau-Hauptprozess, identifiziert den Angeklagten Franz Böttger, November 1945

United States Holocaust Memorial Museum, Washington D.C.

Dr. František Bláha, Arzt und ehemaliger Häftling des KZ-Dachau, im Zeugenstand während seiner Aussage gegen Dr. Fritz Hintermeyer und Prof. Dr. Claus Schilling; 16./17. November 1945

University of Minnesota Law Library, Minneapolis

war und Autopsien an etwa 7000 Leichen durchführen musste, konnte er wichtige Aussagen zu den medizinischen Verbrechen der Lagerärzte machen. Hierzu wurde er im Januar 1946 auch vor dem Internationalen Militärtribunal gegen die Hauptkriegsverbrecher in Nürnberg befragt.[3]

Die Heterogenität unter den Überlebenden zeigte sich in den Aussagen ehemaliger Häftlinge, die als Zeugen der Verteidigung auftraten. Bemerkenswert ist dabei auch, dass sich das Internationale Häftlingskomitee gegen die Todesurteile für drei ehemalige Funktionshäftlinge aussprach, da sich diese im Gegensatz zu den SS-Männern in einer Zwangssituation befunden hätten. Der belgische Journalist und Dachau-Überlebende Arthur Haulot (1913–2005),[4] Gründungsmitglied des Internationalen Häftlingskomitees, erhielt aber kein Gehör vor Gericht. Er reichte nachträglich ein Gnadengesuch im Namen des Komitees ein, welches allerdings nur im Fall von Emil Mahl Erfolg hatte.

Zu den Zuständen in und um das Lager wurden Angehörige der US-Armee, die das KZ Dachau befreit hatten, vernommen. Sie bildeten die zweite zentrale Zeugengruppe im Prozessgeschehen. Zu ihr gehörte Oberst David Chávez jr., der als leitender Ermittler der War Crimes Group des Judge Advocate General Departments Untersuchungen zu den Zuständen im Konzentrationslager Dachau und seinen Außenlagern geleitet hatte. Oberst Lawrence C. Ball konnte als Leiter einer Sanitätsabteilung der US Army Auskunft über die verheerenden hygienischen und medizinischen Zustände bei der Befreiung des Konzentrationslagers Dachau geben.

Die fast durchgängig amerikanischen Verteidiger bemühten sich, auch die Zeugnisfähigkeit der US-amerikanischen Zeugen in Zweifel zu ziehen. Oberst Ball wurde mit Blick auf den „Todeszug von Buchenwald“ befragt, ob sich seines Wissens unter den dortigen Toten auch Deutsche befunden hätten. Diese Frage erwies sich als wichtig, da Verbrechen gegen Deutsche nicht Gegenstand des Verfahrens waren. Ball vermochte die Frage nicht zu beantworten.

Einige Angeklagte legten Zeugnis für die Verteidigung ab, da ihnen unterschiedliche Einzelvergehen im Rahmen des Common Design vorgeworfen wurden, von denen sie

John Barnett (sitzend), Hauptmann der U.S. Army und Zeuge im Dachau-Hauptprozess, bestätigt die Echtheit der Fotos, die seine Einheit bei der Befreiung des KZ-Dachau aufgenommen hatte. Rechts Chefankläger William D. Denson, 24. November 1945

United States Holocaust Memorial Museum, Washington D.C.

Georg Tauber, Zeichnung der Unterkühlungsversuche, 1945 [Reproduktion, Original im National Archives and Records Administration, Washington D.C.]

KZ-Gedenkstätte Dachau

sich gegenseitig zu entlasten versuchten. Zudem legten auch Bürgerinnen und Bürger der Stadt Dachau Zeugenschaft ab.

Durch das Gericht wurden insgesamt 139 Beweismittel zugelassen, darunter 60 Fotos. Diese zeigten oftmals die Topografie des einstigen Konzentrationslagers. Hinzu kamen die protokollierten vorgerichtlichen Aussagen der Angeklagten. Als zentral erwiesen sich auch die Totenbücher des KZ Dachau aus den Jahren 1941 und 1942. Schriftliche Berichte der US-Ermittlungsteams wurden ebenfalls herangezogen. Dies galt auch für Zeichnungen von ehemaligen Häftlingen, die die Zustände im Lager verdeutlichten.

Für Kontroversen sorgte die Zulassung von „Zeugnissen aus zweiter Hand“ ('hearsay evidence'), deren Beweiswert als zu vermittelt galt. Als Grundlage für eine Verurteilung kamen sie nur in Frage, wenn sie durch andere Beweismittel gestützt wurden.

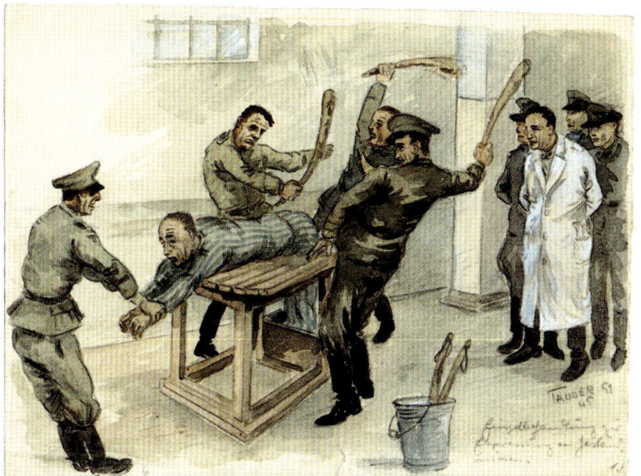

Georg Tauber, Zeichnung des Vollzugs der Prügelstrafe, Bleistift und Aquarell, 1945

Privatbesitz Lisa und Simon Gobmeier, Tobias Hofer, München/Berlin

1 Vgl. Lessing, Dachauer Prozess, S. 220 f., 226 f., 236 f.

2 Bayerisches Hauptstaatsarchiv München, Sonderministerium, Bd. 134, Bayerisches Staatsministerium des Innern, Staatskommissariat für rassisch, religiös und politisch Verfolgte, Dr. Philipp Auerbach, Aufruf „Für eine gerechte Sühne“, 19. 2. 1947.

3 Vgl. Lessing, Dachauer Prozess, S. 132 ff.

4 Zur Rolle Haulots im Dachauer Hauptverfahren vgl. Greene, Justice, S. 55 ff. Zur Nichtanhörung des Gnadengesuchs vgl. ebenda, S. 117.

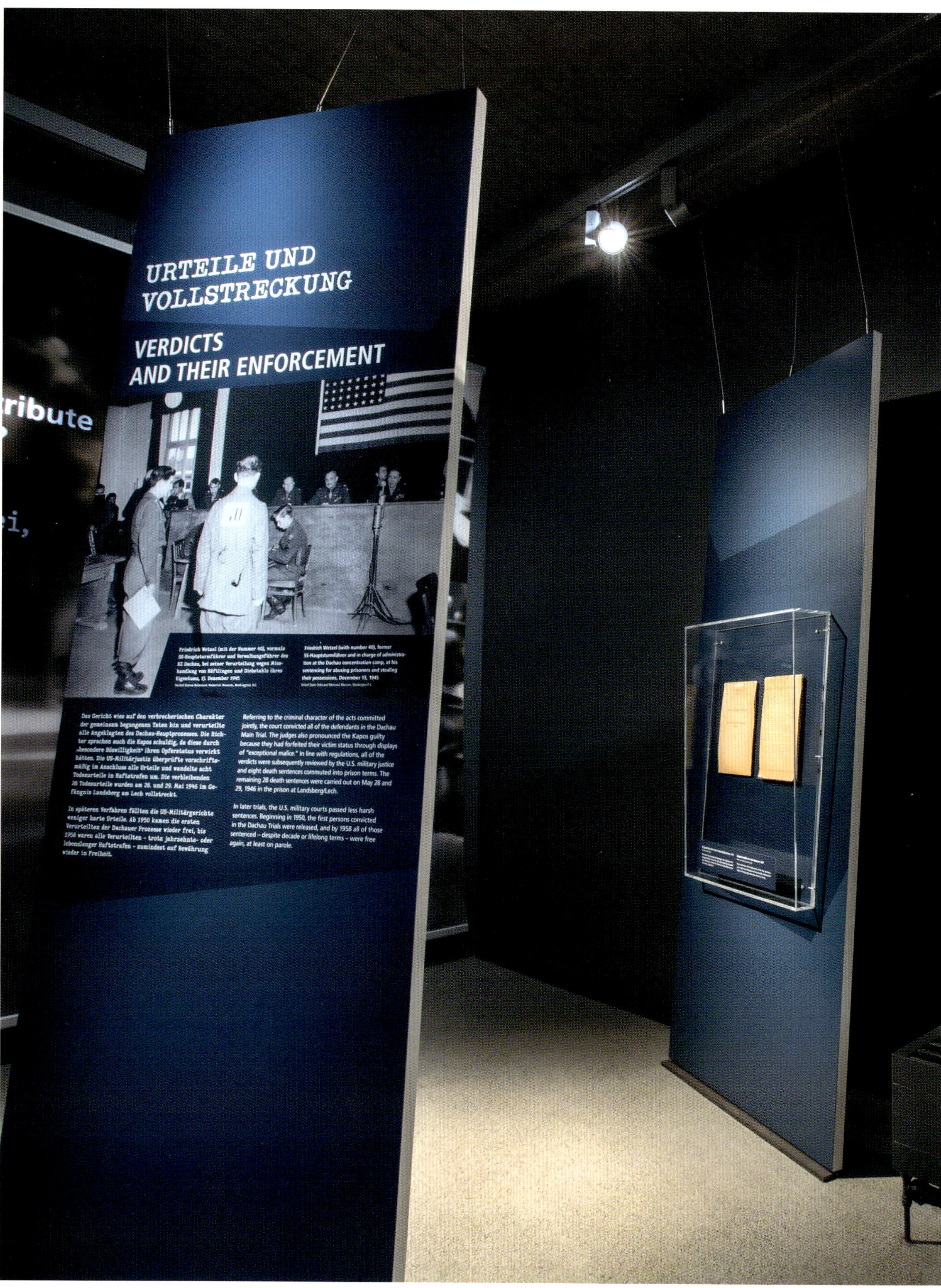
URTEILE UND VOLLSTRECKUNG
VERDICTS AND THEIR ENFORCEMENT
Friedrich Wetzel (mit der Nummer 40), vormals SS-Hauptsturmführer und Verwaltungsführer des KZ Dachau, bei seiner Verurteilung wegen Misshandlung von Häftlingen und Diebstahls ihres Eigentums, 13. Dezember 1945
Friedrich Wetzel (with number 40), former SS-Hauptsturmführer and in charge of administration at the Dachau concentration camp, at his sentencing for abusing prisoners and stealing their possessions, December 13, 1945
Das Gericht wies auf den verbrecherischen Charakter der gemeinsam begangenen Taten hin und verurteilte alle Angeklagten des Dachau-Hauptprozesses. Die Richter sprachen auch die Kapos schuldig, da diese durch „besondere Böswilligkeit" ihren Opferstatus verwirkt hätten. Die US-Militärjustiz überprüfte vorschriftsmäßig im Anschluss alle Urteile und wandelte acht Todesurteile in Haftstrafen um. Die verbleibenden 28 Todesurteile wurden am 28. und 29. Mai 1946 im Gefängnis Landsberg am Lech vollstreckt.
In späteren Verfahren fällten die US-Militärgerichte weniger harte Urteile. Ab 1950 kamen die ersten Verurteilten der Dachauer Prozesse wieder frei, bis 1958 waren alle Verurteilten – trotz jahrzehnte- oder lebenslanger Haftstrafen – zumindest auf Bewährung wieder in Freiheit.
Referring to the criminal character of the acts committed jointly, the court convicted all of the defendants in the Dachau Main Trial. The judges also pronounced the Kapos guilty because they had forfeited their victim status through displays of "exceptional malice." In line with regulations, all of the verdicts were subsequently reviewed by the U.S. military justice and eight death sentences commuted into prison terms. The remaining 28 death sentences were carried out on May 28 and 29, 1946 in the prison at Landsberg/Lech.
In later trials, the U.S. military courts passed less harsh sentences. Beginning in 1950, the first persons convicted in the Dachau Trials were released, and by 1958 all of those sentenced – despite decade or lifelong terms – were free again, at least on parole.

Urteile und Vollstreckung

Urteile in den Dachauer Verfahren konnten Todes- oder Haftstrafe bedeuten. Auch Freisprüche waren denkbar, wurden aber durch den Anklagevorwurf des Common Design, der die bloße Mitwirkung am Gesamtbetrieb des Konzentrationslagers zur kriminellen Handlung machte, erschwert.

Um ein Todesurteil zu fällen, bedurfte es einer Zweidrittelmehrheit unter den Richtern. Diese Bestimmung erwies sich immer wieder als bedeutsam, da im Dachau-Hauptprozess zunächst gegen 36 von 40 Angeklagten Todesurteile ergingen. 28 davon wurden im Mai 1946 in Landsberg am Lech vollstreckt.

Todesurteile wurden eingehender überprüft als Verurteilungen zu befristeten oder lebenslangen Haftstrafen. Sowohl die Überprüfungsbehörde (Reviewing Authority) und die Bestätigungsbehörde (Confirming Authority) der Militärjustizbehörde (Judge Advocate General) als auch der Commander-In-Chief, das heißt der Oberbefehlshaber der US-amerikanischen Truppen in Europa, mussten dem Urteil zustimmen. Der Instanzenzug sah keine Berufungsverfahren vor, sondern gewährte gemäß den Bestimmungen der Ordinance No. 2, Art. VI und VIII[1] nur Urteilsüberprüfungen durch die oben genannten Institutionen. Der Historiker Robert Sigel urteilte, dass „das gesamte Verfahren [...] so dem Gnadenrecht näher als einer rechtsprechenden Revision“[2] war.

Durch den Verzicht auf schriftliche Urteilsbegründungen in den Verfahren waren Überprüfungen meist sehr aufwändig und erforderten oftmals Rücksprache mit den vormaligen Prozessbeteiligten. Rechtsanwälte und Unterstützerinnen wie Unterstützer der Angeklagten versuchten wiederholt, den Obersten Gerichtshof der USA als Berufungsinstanz anzurufen. Dieser aber erklärte sich aufgrund der speziellen Situation amerikanischer Militärgerichte im besetzten Deutschland für nicht zuständig.

Zu Beginn der Dachauer Prozesse verfolgte die Überprüfungsbehörde (Reviewing Authority) das Ziel, ein verbindliches internationales Kriegsvölkerrecht zu schaffen.

Friedrich Wetzel (mit der Nummer 40), SS-Hauptsturmführer und Verwaltungsführer des KZ Dachau, bei seiner Verurteilung wegen Misshandlung von Häftlingen und Diebstahls ihres Eigentums, 13. Dezember 1945

United States Holocaust Memorial Museum , Washington D.C.

Die Richter des Dachau-Hauptprozesses, v. l. n. r.: Peter O. Ward, Wendell Blanchard, George Scithers, Lester J. Abelee, John M. Lentz, George E. Bruner, Laird A. Richards und John R. Jeter, November 1945

United States Holocaust Memorial Museum, Washington D.C.

Martin Gottfried Weiß (mit der Nummer 1), Lagerkommandant des KZ Dachau, bei der Verlesung seines Todesurteils, 13. Dezember 1945

University of Minnesota Law Library, Minneapolis

Krieg und Völkermord sollten durch unmittelbare juristische Sanktionen geahndet werden. Man wollte analog zum Internationalen Militärtribunal in Nürnberg einen internationalen Verhaltenskatalog für kriegerische Konflikte schaffen und Staaten durch die Aussicht auf „unvermeidbare Vergeltung" von der Begehung von Kriegsverbrechen abschrecken. Zugunsten einer beschleunigten Verfahrensabwicklung nahm man aber bald Abstand von solchen übergeordneten Ansprüchen.[3]

Nachdem anfangs vor allem gegen SS-Angehörige rigorose Urteile ergangen waren, gab es im Verlauf der Dachauer Prozesse immer häufiger Freisprüche. Gleichzeitig nahmen die Höhe der Strafen sowie die Zahl der Todesurteile tendenziell ab. Begründen lässt sich die anfängliche Härte mit den erschütternden Eindrücken, die das frühe Militärgerichtspersonal bei der Befreiung von KZ-Haupt- und Außenlagern gewonnen hatte. Die Milderung der Urteilssprüche kann in Teilen auch dem Wandel der politischen Großwetterlage im Zuge des beginnenden Kalten Kriegs zugeschrieben werden, der eine veränderte Haltung der westlichen Besatzungsmächte gegenüber Deutschland bewirkte. Überdies waren im Laufe der Zeit viele Zeuginnen sowie Zeugen nicht mehr auffindbar, was die Beweisführung in den Verfahren deutlich erschwerte.

Die unterschiedliche Härte der Urteile führte dazu, dass eine breite Öffentlichkeit in Deutschland die Schuld der Angeklagten pauschal anzweifelte. Ein entscheidender Wendepunkt in diesem Kontext war der Malmedy-Prozess, der am 16. Mai 1946 begann. Zwar sprachen die Richter in diesem Verfahren zunächst alle 73 Angeklagten schuldig und verurteilten 43 von ihnen zum Tode, doch die Urteilssprüche wurden – nicht zuletzt aufgrund der einsetzenden Amnestiedebatte – im Laufe der Jahre schrittweise abgemildert. Letztendlich wurde keines der Todesurteile vollstreckt.

Die vielerorts geführten Diskussionen schwächten auch in den USA den Rückhalt für die Verfahren. Ihre abschreckende Funktion hinsichtlich der Begehung von Massenverbrechen erschien immer entbehrlicher.

Ihre Rolle bei der Aufklärung der deutschen Bevölkerung über die Verbrechen das NS-Regimes und bei der demokratischen Umerziehung (Re-Education) wurde zunehmend skeptischer beurteilt.

Die nach dem texanischen Richter Gordon Simpson benannte Simpson-Kommission leitete eine neue Stufe dieser Entwicklung ein. Ihr Abschlussbericht vom September 1948 empfahl die Umwandlung von 29 Todesurteilen in lebenslängliche Haftstrafen. Hinzu kam der Report eines US-amerikanischen Parlamentsausschusses vom September 1949, der sich vor allem dem Malmedy-Prozess widmete. Er hinterfragte die Glaubwürdigkeit der Aussagen deutscher Angeklagter, stellte aber keine Verfahrensfehler seitens des Militärgerichts fest.

Wie schon die Simpson-Kommission gelangten aber auch die Parlamentsabgeordneten zu dem Schluss, dass die ergangenen Urteile zu hart seien.

In der Folge beider Untersuchungsberichte wurden seit 1949 besondere Gremien zur Überprüfung der Urteile eingesetzt, die auch über Gnadengesuche befanden. Der „Änderungsausschuss für die Vollstreckung der Strafen bei

Kriegsverbrechen“ (War Crimes Modification Board; für in Dachau Verurteilte) und der „Beratungsausschuss zur Strafmilderung für Kriegsverbrecher“ (Advisory Board on Clemency for War Criminals; für in Nürnberg Verurteilte) behandelten 512 Fälle und empfahlen in großem Umfang Strafminderungen.[4]

Mit der Gründung der Bundesrepublik 1949 und der schrittweisen Gewährung von Souveränität durch die Westalliierten stellte sich zunehmend die Frage, wie mit den Urteilen der US-Militärgerichte umzugehen sei. Der sogenannte Überleitungsvertrag von 1955 sicherte gegenüber der westdeutschen Justiz den Bestand alliierter Urteile in der Bundesrepublik ab. Er verhinderte allerdings auch Folgeverfahren gegen bereits Verurteilte in anderen Verbrechenskontexten. Westdeutsche Strafverfolgungsbehörden beriefen sich in solchen Fällen in fragwürdiger Weise auf die verfassungsrechtliche Vorgabe des „ne bis in idem“, laut der ein Verurteilter nicht ein zweites Mal in derselben Sache verurteilt werden dürfe.

Mit Inkrafttreten dieses Abkommens ging auch der mehrheitlich amerikanisch besetzte amerikanisch-deutsche „Vorübergehende Gemischte Bewährungs- und Strafmilderungsausschuss“ (Interim Mixed Parole and Clemency Board) in einem paritätisch besetzten interalliiert-deutschen „Gemischten Bewährungs- und Strafmilderungsausschuss“ (Mixed Parole and Clemency Board) auf.

Trotz zahlreicher ursprünglich lebenslänglicher oder langfristiger Haftstrafen verließen Ende der 1950er-Jahre die letzten Verurteilten der Dachauer Verfahren die Gefängnisse. Einige dieser Personen konnten anschließend nach den Bestimmungen des westdeutschen Kriegsgefangenenentschädigungsgesetzes vom Januar 1954 sogar auf Haftentschädigung hoffen, da selbst die KZ-Wachmannschaften wie in Dachau hier als „militärähnliche Organisationen“ eingestuft wurden und damit prinzipiell anspruchsberechtigt waren.[5] Diese rechtliche Regelung leistete der auch in westdeutschen NS-Strafverfahren immer wieder aufgetretenen Fehldeutung Vorschub, dass es sich bei den KZ-Verbrechen um „kriegsbedingte“ Delikte gehandelt habe.

XV. RECOMMENDATIONS:

I recommend that:

a. The findings and the sentence in the case of each accused be approved.

b. The death sentence of Hans Kurt Eisele be commuted and he be sentenced to confinement at hard labor for life.

c. The death sentence of Dr. Fridolin Karl Puhr be commuted and he be sentenced to confinement at hard labor for 20 years.

d. The death sentence of Emil Erwin Mahl be commuted and he be sentenced to confinement at hard labor for 10 years.

e. Five years of the confinement at hard labor imposed upon the accused Johann Schoepp be remitted and, as thus modified, the sentence be duly executed.

f. The following place of confinement be designated for the accused Eisele, Puhr and Mahl: Zuchthaus and Kaisheim.

g. The sentences in the cases of Peter Betz, Albin Gretsch, and Hugo Alfred Lausterer be duly executed.

h. The findings and sentence in the case of Weiss, Ruppert, Jarolin, Trenkle, Niedermeyer, Suess, Eichberger, Wagner, Kick, Hintermayer, Witteler, Eichelsdorfer, Foerschner, Schilling, Knoll, Boettger, Endress, Kiern, Redwitz, Welter, Suttrop, Tempel, Becher, Kramer, Filleboeck, Schoettl, Kirsch, Langleist, Lippmann, Degelow, [illegible]oll, Schulz, Wetzel be approved and that the record of trial be forwarded for confirmation.

XVI. ACTIONS:

A form of action designed to carry the foregoing recommendations into effect, should they meet with your approval, is submitted herewith.

CHARLES E. CHEEVER,
Colonel, JAGD,
Staff Judge Advocate.

Headquarters Third U.S. Army and Eastern Military District, Office of Judge Advocate, Review of Proceedings of General Military Court in the Case of United States vs. Weiss et al., undatiert [Ausschnitt]

National Archives and Records Administration, Washington D.C.

1 Vgl. Sigel, Interesse, S. 61.

2 Ebenda.

3 Vgl. Review of Proceedings, United States vs. Martin Gottfried Weiss et al., S. 165.

4 Vgl. Yavnai, War Crimes Trials, S. 66; besonders zur Arbeitsweise der Boards vgl. Sigel, Interesse, S. 171ff.

5 Vgl. Reimer Möller, Betreuungsarbeit „in aller Stille“: Die Zentrale Rechtsschutzstelle in Bonn und der „Ausschuss der Hamburger Werl-Verteidiger“, in: KZ-Gedenkstätte Neuengamme (Hrsg.), Alliierte Prozesse, S. 185–197, hier S. 193ff.

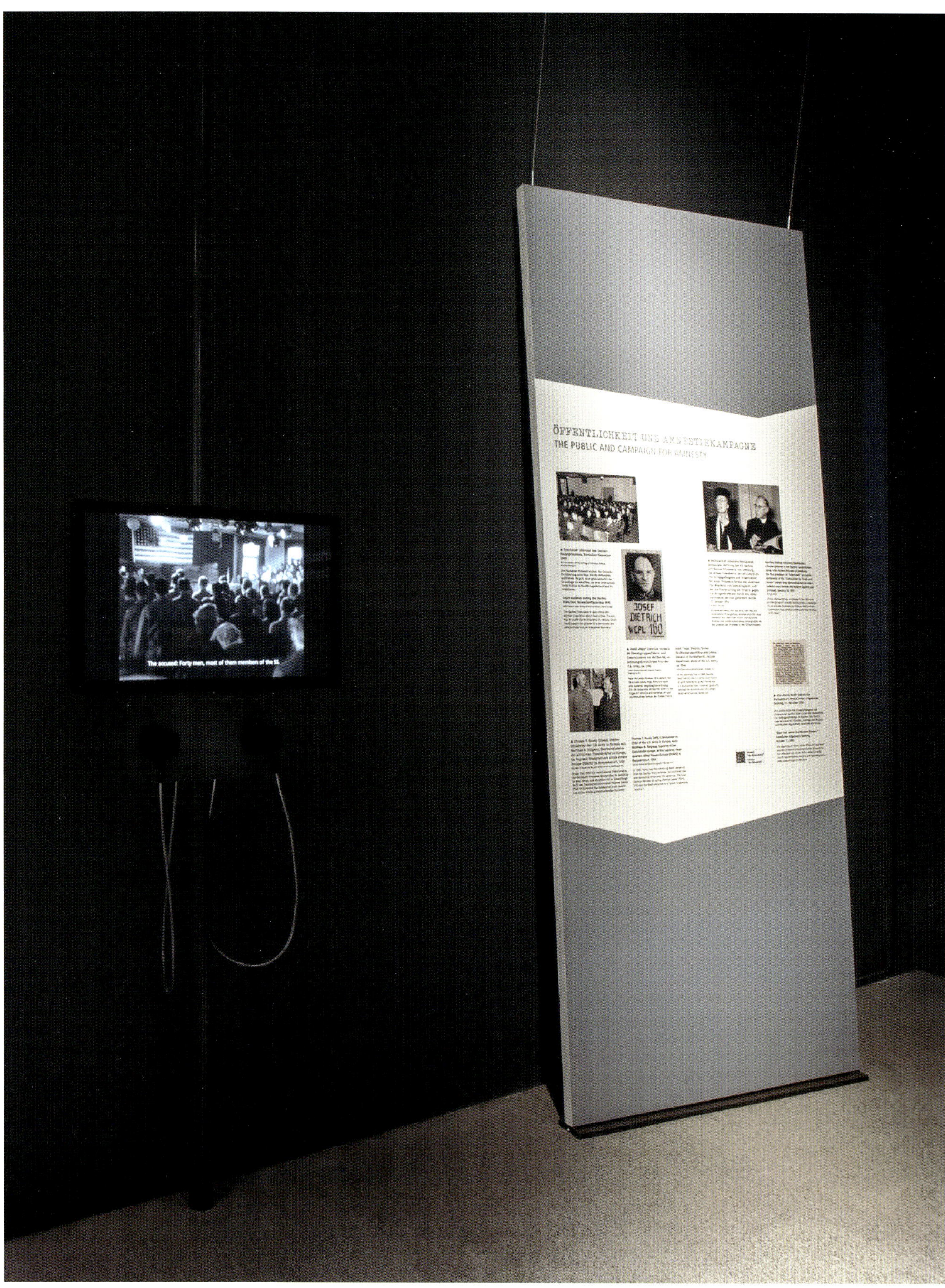
The accused: Forty men, most of them members of the SS.
ÖFFENTLICHKEIT UND AMNESTIEKAMPAGNE
THE PUBLIC AND CAMPAIGN FOR AMNESTY
JOSEF
DIETRICH
WCPL 160

Öffentlichkeit und Amnestiekampagne

Allgemein wird davon ausgegangen, dass die Dachauer Prozesse hinsichtlich ihrer weltweiten Wahrnehmung im Schatten der Nürnberger Verfahren stehen.

Einerseits richtete sich das internationale Interesse der Medien zu einem großen Teil auf das fast gleichzeitig stattfindende Internationale Militärtribunal gegen die Hauptkriegsverbrecher in Nürnberg. Andererseits hatten Journalistinnen und Journalisten das fünf Tage früher beginnende Dachauer Hauptverfahren gleich zu Anfang besucht und erschienen auch später noch dort, weil die Verhandlungen mehr „Spannung" im Vergleich zur anscheinend endlosen Dokumentenverlesung in Nürnberg versprachen.[1]

In den USA dienten die Dachauer Prozesse anfangs dazu, die Kriegsteilnahme nachträglich zu legitimieren. Im Verlauf des Kalten Krieges wuchs jedoch die Sympathie für die deutschen Angeklagten. Aus amerikanischer Sicht stellte sich in diesem Kontext überdies die Frage, inwieweit die Prozesse zu der angestrebten Umerziehung der deutschen Bevölkerung beitrugen.

In der von den Alliierten lizensierten deutschen und österreichischen Presse wurde häufig über den Dachau-Hauptprozess berichtet.[2]

Nach anfänglicher Entrüstung über die KZ-Verbrechen sowie ihre Täterinnen und Täter entwickelte sich in breiten Teilen der Öffentlichkeit eine Abwehrhaltung gegen eine vermeintliche „Siegerjustiz".

Bezeichnend war auch die negative Wahrnehmung der Prozesse durch die Dachauer Bevölkerung. Hier herrschte

Geldschein der Alliierten Militärbehörde, versehen mit handschriftlichen Notizen der Journalistin Dixie Foster, die über den Dachau-Hauptprozess berichtete, 5. Mai 1946

United States Holocaust Memorial Museum, Washington D.C.

Zuschauer während des Dachau-Hauptprozesses, November/Dezember 1945

William Breman Jewish Heritage & Holocaust Museum, Atlanta (Georgia)

Schuldabwehr vor, sofern es sogenannte „kleine Leute“ oder gar eigene Teilhabe an Verbrechen des NS-Regimes betraf.

Seit 1947 war es das vorrangige Ziel der US-Administration, keine neuen NS-Verfahren mehr einzuleiten und die laufenden Prozesse zu beenden.

Um den Jahreswechsel 1947/48 setzte eine stetig anwachsende Amnestiekampagne in Westdeutschland ein, deren führende Protagonisten aus der katholischen und der protestantischen Kirche kamen. Hierzu zählten auch der einstmals selbst im KZ Dachau inhaftierte Johannes Neuhäusler, nun katholischer Weihbischof im Erzbistum München und Freising, sowie der protestantische Theologe und Widerstandskämpfer Martin Niemöller, der der „Bekennenden Kirche“ angehört hatte und nunmehr Kirchenpräsident der Evangelischen Kirche in Hessen und Nassau war. Ein weiterer Meinungsführer der Kampagne war der streitbare protestantische württembergische Landesbischof Theophil Wurm, der die amerikanischen NS-Strafprozesse in polemischer Weise auf einen „Hitlergeist in den USA“[3] zurückführte. Eine derartige Kritik wurde in den Vereinigten Staaten zurückgewiesen. Da die Kirchenvertreter in US-Regierungskreisen gleichwohl hohes Ansehen als letzte angeblich vom Nationalsozialismus unbelastete Elite in Deutschland genossen, glaubte man dort, dass sie durch Unterstützerinnen und Unterstützer der Amnestiekampagne „instrumentalisiert“ oder „irregeführt“ worden seien.

Beide christlichen Kirchen und Organisationen, wie das Dokumentenarchiv Heidelberg, das Komitee für kirchliche Gefangenenhilfe oder die Stille Hilfe für Kriegsgefangene und Internierte,[4] zahlreiche SS-Veteranen und einflussreiche Rechtsanwälte wie Rudolf Aschenauer und Georg

Das Unrecht politischer Prozesse

Köln (LB). Die deutschen katholischen Bischöfe setzten sich in einer Entschließung dafür ein, daß den Angeklagten aus den Prozessen in

chen, während sie Machtpolitk treiben, so sei die Demoralisierung unseres Volkes unaufhaltsam geworden.

wurden, weil sie Gesetze und Verordnungen ihres eigenen Staates befolgten, die Gesetze dem Völkerrecht

„Das Unrecht politischer Prozesse“, Linzer Volksblatt, 26. Oktober 1948 [Auszug]

Fröschmann setzten sich für die Angeklagten in Dachau und die Verurteilten im Landsberger Kriegsverbrechergefängnis ein.[5] Die Beschwerden der Juristen bezogen sich auf angebliche Misshandlungen inhaftierter Deutscher und Erpressungen von Geständnissen in amerikanischem Gewahrsam.[6] Diese Vorwürfe ließen sich nicht erhärten oder wurden teilweise sogar schon während des Dachauer Hauptverfahrens entkräftet.[7] Amerikanische Untersuchungskommissionen fanden lediglich Hinweise auf den vereinzelten Einsatz von suggestiven Verhörmethoden und die Verwendung fingierter Aussagen. Einzelne Ermittler hatten zu solchen Maßnahmen gegriffen, um die zwischen zahlreichen Angeklagten koordinierte „Schweigefront" zu durchbrechen.

Trotzdem kursierten fingierte „Folterberichte" und „Zwangsgeständnisse" innerhalb der Amnestiebewegung sowie in der deutschen Presse, teilweise lanciert mit Unterstützung amerikanischer Printmedien sowie durch Vereine und Mitglieder aus Justiz und Politik. Zudem waren derartige Kampagnen von einem manifesten Antisemitismus geprägt, der sich stark auf zurückgekehrte deutsche und österreichische Emigrantinnen und Emigranten bezog, welche nun als amerikanische Staatsbürgerinnen und -bürger bei den Dachauer Prozessen mitwirkten.[9] Außerdem wurde die Kritik an den Verfahren und Urteilen durch teilweise weit hergeholte Vergleiche zwischen NS-Verbrechen und Praktiken in den Vereinigten Staaten unterfüttert.

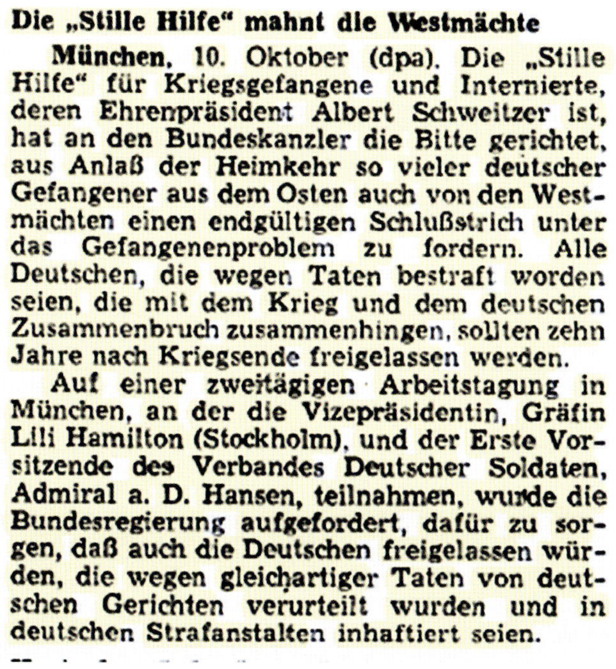

Spätestens seit Gründung der Bundesrepublik beteiligte sich auch die lokale Landsberger Bevölkerung an der Kampagne für die Inhaftierten und zum Tode Verurteilten. Auch hier waren judenfeindliche Töne zu vernehmen. Die Gefängnisgeistlichen des Dachauer Internierungslagers und des Kriegsverbrechergefängnisses Landsberg, allen voran der dortige katholische Anstaltspfarrer Karl Morgenschweis, setzten sich für die ihnen anvertrauten Häftlinge ein.

Die Kritik an den Verfahren und ihren Urteilen führte mehrfach dazu, dass die Vollstreckung der Todesurteile ausgesetzt wurde. Wenn dann die Wiederaufnahme der Hinrichtungen anstand, nahmen die Proteste erneut zu. Ende 1948 und im Frühjahr 1949 kam es zu Höhepunkten dieser Kampagnen.

Weihbischof Johannes Neuhäusler, ehemaliger Häftling des KZ-Dachau, mit Helene Prinzessin von Isenburg, der ersten Präsidentin der „Stillen Hilfe für Kriegsgefangene und Internierte", bei einer Pressekonferenz des „Komitees für Wahrheit und Gerechtigkeit", auf der die Überprüfung der Urteile gegen die Kriegsverbrecher durch ein internationales Gericht gefordert wurde, 15. Januar 1951
SZ-Photo, München

Die „Stille Hilfe" mahnt die Westmächte

München, 10. Oktober (dpa). Die „Stille Hilfe" für Kriegsgefangene und Internierte, deren Ehrenpräsident Albert Schweitzer ist, hat an den Bundeskanzler die Bitte gerichtet, aus Anlaß der Heimkehr so vieler deutscher Gefangener aus dem Osten auch von den Westmächten einen endgültigen Schlußstrich unter das Gefangenenproblem zu fordern. Alle Deutschen, die wegen Taten bestraft worden seien, die mit dem Krieg und dem deutschen Zusammenbruch zusammenhingen, sollten zehn Jahre nach Kriegsende freigelassen werden.

Auf einer zweitägigen Arbeitstagung in München, an der die Vizepräsidentin, Gräfin Lili Hamilton (Stockholm), und der Erste Vorsitzende des Verbandes Deutscher Soldaten, Admiral a. D. Hansen, teilnahmen, wurde die Bundesregierung aufgefordert, dafür zu sorgen, daß auch die Deutschen freigelassen würden, die wegen gleichartiger Taten von deutschen Gerichten verurteilt wurden und in deutschen Strafanstalten inhaftiert seien.

„Die ‚Stille Hilfe'[8] mahnt die Westmächte", Frankfurter Allgemeine Zeitung, 11. Oktober 1955

Daraufhin verstärkten die Bewährungs- und Gnadenausschüsse ihre Strafmilderungsbemühungen. Nachdem Anfang 1951 bereits 90 Todesurteile in lebenslängliche Haftstrafen umgewandelt worden waren, kamen anlässlich einer „Weihnachtsamnestie" zum Jahresende 313 Inhaftierte der Dachauer Prozesse frei.[10]

Außer der KPD befürworteten alle im westdeutschen Bundestag vertretenen Parteien die Amnestieforderungen, wobei sich jedoch ihr Vorgehen unterschied. Die Deutsche Partei bestritt grundsätzlich die Legitimität der Prozesse und prägte den Begriff der „Kriegsverurteilten" für Personen, die wegen schwerer Verbrechen inhaftiert waren. Die Hauptregierungspartei CDU ging moderater vor.

Bundeskanzler Konrad Adenauer verfolgte die Strategie einer „geräuschlosen Erledigung" des „Kriegsverbrecherproblems". Er wollte dies im Zuge von internationalen Vertragsverhandlungen erreichen, die sich um die Westintegration, den Militärbeitrag und die Wiedererlangung der Souveränität der Bundesrepublik drehten.[11]

Konrad Adenauer, erster Bundeskanzler der Bundesrepublik Deutschland, während eines Truppenbesuches in Andernach, 20. Januar 1956

Bundesarchiv Koblenz, B_145_Bild-F003303-0016

1 Vgl. Greene, Justice, S. 39, 53 ff., 62.

2 Vgl. Ute Stiepani, Die Dachauer Prozesse und ihre Bedeutung im Rahmen der alliierten Strafverfolgung von NS-Verbrechen, in: Gerd R. Ueberschär (Hrsg.), Der Nationalsozialismus vor Gericht. Die alliierten Prozesse gegen Kriegsverbrecher und Soldaten 1943–1952, Frankfurt a. M. 1999, S. 227–239, hier S. 234.

3 Institut für Zeitgeschichte, MF 260, 5/344-1/2, Brief Wurm an den außenpolitischen Berater der US-Regierung, J. F. Dulles, CND, 22.10.1948; zu Wurms, Niemöllers und Neuhäuslers Rolle in der Amnestiekampagne vgl. Remy, Malmedy Massacre, S. 186 ff., 196 ff.

4 Die genannten drei Organisationen wurden im Umfeld der Verteidiger gegründet und widmeten sich einer Mischung aus humanitärer Arbeit und revisionistischer Unterstützung von Angeklagten in den Dachauer Prozessen.

5 Zu Fröschmanns teilweise offen illegalen Methoden vgl. Remy, Malmedy Massacre, S. 177 ff. Zu den Kirchen und ihren ambivalenten „Schuldbekenntnissen" zu NS-Verbrechen vgl. ebenda, S. 183 ff.; besonders zu SS-Veteranen vgl. S. 258 ff. Zur Rolle der Kirchen allgemein vgl. Martin Gruner, Verurteilt in Dachau. Der Prozess gegen den KZ-Kommandanten Alex Piorkowski vor einem US-Militärgericht, Augsburg 2008, S. 127 ff.

6 Vgl. Review of Proceedings, United States vs. Martin Gottfried Weiss et al., S. 96 f., 101, 114; Sigel, Interesse, S. 166 ff.

7 Vgl. Review of Proceedings, United States vs. Martin Gottfried Weiss et al., S. 133 ff.; Remy, Malmedy Massacre, S. 148 ff.

8 Die „Stille Hilfe für Kriegsgefangene und Internierte" machte Täter unter dem Deckmantel der Gefangenenfürsorge zu Opfern. Der Verein, dem Vertreter der Kirchen, Juristen und Rechtsextremisten angehörten, existiert bis heute.

9 Vgl. Remy, Malmedy Massacre, S. 131 ff.

10 Vgl. Sigel, Interesse, S. 174 ff.

11 Vgl. ebenda, S. 79 f., 185 f.

JURISTISCHE AUFARBEITUNG
THE JUDICIAL INVESTIGATION
Courtroom in the Bürgerhaus Gallus during the first Auschwitz Trial in Frankfurt/Main (1963-1965), on the left the accused and their defense counsel, on the right the state prosecution, April 3, 1964
Im Kalten Krieg ließen mangelndes Schuldempfinden in Justiz und Gesellschaft die Strafverfolgung erlahmen. Das Bundesjustizministerium suspendierte 1951 faktisch das von den Alliierten eingeführte Strafrecht. Erst mit der Gründung der Zentralen Stelle der Landesjustizverwaltungen zur Aufklärung nationalsozialistischer Verbrechen in Ludwigsburg setzte ab 1958 eine koordinierte Ermittlungstätigkeit ein. Insgesamt wurden in der alten Bundesrepublik 6.495 Angeklagte rechtskräftig wegen NS-Verbrechen verurteilt. Die Verfahren waren ein wichtiger Beitrag zur Erinnerungskultur; für die Überlebenden bedeuteten die Prozesse, je nach Verlauf, Genugtuung oder Enttäuschung. Da es bei Mord seit 1979 keine Verjährung mehr gibt und jede Tätigkeit in einem Vernichtungslager seit 2016 wieder als Beihilfe zum Mord ausgelegt werden kann, kommt es bis in die Gegenwart zu Strafverfahren.
During the Cold War, the prosecution of crimes waned, with both the judiciary and society showing a decreasing sense of guilt. In 1951, the Federal Ministry of Justice effectively suspended the criminal law introduced by the Allies. It was only with the founding of the Central Office of the State Justice Administrations for the Investigation of National Socialist Crimes in 1958 that coordinated investigations became possible. In total, 6,495 accused persons were convicted for Nazi crimes in former West Germany. The investigations and the court hearings are a pivotal contribution to the culture of remembrance; for the survivors, the trials, depending on how they were conducted and their outcome, meant satisfaction or disappointment. Because there is no longer a statute of limitations on murder since 1979, and since 2016 any duty performed in an extermination camp can once again be interpreted as complicity to murder, criminal proceedings are still being held today.
ÖFFENTLICHKEIT UND AMNESTIEKAMPAGNE
THE PUBLIC AND CAMPAIGN FOR AMNESTY

Juristische Aufarbeitung

Nach der Besetzung des Deutschen Reiches hatte die Entnazifizierung der Deutschen für die Alliierten zunächst eine hohe Priorität. Zu diesem Zwecke sollten alle deutschen Bürgerinnen und Bürger ihre Beteiligung am NS-System vor Spruchkammern offenlegen. Die Verantwortung dafür ging am 5. März 1946 per Gesetz auf deutsche Spruchkammern über.[1]

Um die Anzahl der millionenfachen Verfahren zu senken, wurde im Sommer und Winter 1946 durch die US-Militärregierung beschlossen, die Spruchkammerverfahren gegen Jugendliche und Einkommensschwache abzubrechen. Da diese beiden Gruppen einen Großteil der Betroffenen stellten, wurden in der Folge etwa 85 Prozent der Entnazifizierungsverfahren in Hessen und Bayern eingestellt.[2]

Gerichtssaal im Bürgerhaus Gallus während des ersten Auschwitz-Prozesses in Frankfurt am Main (1963–64), links die Angeklagten und ihre Verteidiger, rechts die Staatsanwaltschaft, 3. April 1964

bpk Bildagentur, Berlin

Alliierte Besatzungsbehörden hatten gleich nach der Besetzung die deutschen Gerichte vorläufig geschlossen. Doch bereits ab Sommer 1945 begann der Wiederaufbau des deutschen Gerichtswesens. Zunächst wurden keine Juristen zugelassen, die der NSDAP oder einer ihrer Gliederungen angehört hatten. Der massive Personalmangel in den westlichen Besatzungszonen veranlasste die Militärregierungen jedoch schon bald dazu, im Sinne einer funktionsfähigen deutschen Justiz, belastete Juristen wiedereinzustellen. Auf diese Weise kehrten in den Westzonen rund 80 Prozent der ehemaligen NS-Justizangehörigen in den Staatsdienst zurück.[3]

Das Bundesjustizministerium suspendierte 1951 faktisch das von den Alliierten eingeführte Strafrecht. Damit stand für die Verfolgung von NS-Verbrechen nur das deutsche Strafgesetzbuch zur Verfügung, das nicht für die Ahndung von Massenverbrechen ausgelegt war. Im Kalten Krieg ließen mangelndes Schuldempfinden und nationale Solidarisierungseffekte zwischen Justiz und Gesamtgesellschaft, die sich gegen die alliierten Aufarbeitungsbemühungen richteten, die Strafverfolgung erlahmen.

Als einer der wenigen Prozesse begann 1958 in Ulm das Verfahren gegen das „Einsatzkommando Tilsit", welches 1941 im Grenzgebiet zur Sowjetunion Massenerschießungen von Jüdinnen und Juden durchgeführt hatte. Mit der Berichterstattung über das Verfahren rückte die mangelnde Aufarbeitung von NS-Verbrechen in den Fokus der Öffentlichkeit.[4] Das Schwurgericht Ulm verurteilte die Angeklagten allerdings nicht als Mörder,

Die Angeklagten im „Ulmer Einsatzgruppenprozess" um die systematische Ermordung von Juden 1941 im deutsch-litauischen Grenzgebiet, 28. April 1958

SZ-Photo, München

sondern lediglich wegen „Beihilfe zum gemeinschaftlichen Mord", da ihnen ein eigener Tötungswille abgesprochen wurde. Als Mörder und damit Haupttäter galten dem Gericht nur NS-Führer wie Hitler, Himmler und Heydrich, die alle bereits tot waren. Diese Rechtsauffassung entwickelte sich in der Bundesrepublik bis Ende der 1960er-Jahre zur herrschenden Lehre, weshalb auch in Verfahren wegen massenhafter Tötungen nur milde Urteile gefällt wurden.

Gleichzeitig veranlassten das wachsende öffentliche Interesse an NS-Prozessen und die Kritik an der nachsichtigen Justizpraxis die westdeutschen Landesjustizministerien zur Gründung einer zentralen Stelle für die Ermittlung von NS-Verbrechen. Eine Rolle spielte dabei nicht zuletzt der Druck seitens der westlichen Verbündeten wegen Versäumnissen bei der Entnazifizierung, fragwürdigen Justizentscheidungen und ostdeutschen Enthüllungen über die NS-Vergangenheit von Angehörigen westdeutscher Eliten.[5]

Mit der Gründung der Zentralen Stelle der Landesjustizverwaltungen zur Aufklärung nationalsozialistischer Verbrechen in Ludwigsburg setzte ab 1958 eine koordinierte Ermittlungstätigkeit ein. Allerdings konnte die neue Behörde keine Anklage erheben, sondern musste sich darauf beschränken, die Ermittlungsergebnisse an die zuständigen Staatsanwaltschaften weiterzugeben. Insgesamt wurden in der alten Bundesrepublik 6656 Angeklagte rechtskräftig wegen NS-Verbrechen verurteilt.[6]

Auf Initiative des Hessischen Generalstaatsanwalts Fritz Bauer konnte 1963 der bis dahin größte westdeutsche Prozess gegen NS-Tatverdächtige – 21 ehemalige Angehörige des Lagerpersonals und einen Funktionshäftling des Konzentrations- und Vernichtungslagers Auschwitz-Birkenau – eröffnet werden. Bauer plante, die Angeklagten unabhängig von ihrer persönlichen Beteiligung an Verbrechen zur Verantwortung zu ziehen.[7] Er wollte den Kerngedanken des Common Design aufgreifen und Massenverbrechen in Konzentrationslagern als Tateinheit beurteilen. Das Gericht folgte diesem Ansatz allerdings nur in Teilen, verhängte milde Haftstrafen und sprach drei der Angeklagten frei.

Fritz Bauer selbst war als Mitglied der SPD nach der Machtübernahme durch die Nationalsozialisten festgenommen worden und für einige Monate in den KZ Heuberg und Oberer Kuhberg inhaftiert gewesen. 1936 war er nach Dänemark und 1943 weiter nach Schweden

Fritz Bauer, Hessischer Generalstaatsanwalt, 1965
Münchner Stadtmuseum, Sammlung Fotografie, archiv stefan moses

Egon Zill (links), SS-Sturmbannführer und Erster Schutzhaftlagerführer des KZ Dachau, zusammen mit Heinrich Himmler (2. v. links), Reichsführer-SS und Chef der Deutschen Polizei, und Alexander Piorkowski (rechts), SS-Sturmbannführer und Lagerkommandant im KZ Dachau, 29. Januar 1941
KZ-Gedenkstätte Dachau

emigriert. Bauer war 1949 nach Deutschland zurückgekehrt und hatte 1950 die Generalstaatsanwaltschaft am Oberlandesgericht Braunschweig übernommen. Seit 1956 übte Bauer das Amt des Hessischen Generalstaatsanwalts in Frankfurt am Main aus. Er setzte sich engagiert für die strafrechtliche Ahndung von NS-Verbrechen ein und initiierte viele weitere wichtige NS-Verfahren. Zudem war er 1966 Mitautor einer Entschließung des Deutschen Juristentags in Königstein, in der festgestellt wurde, dass bei NS-Prozessen unangebrachte Milde gezeigt und Mordkriterien nicht hinreichend berücksichtigt worden seien.

In der Bundesrepublik ist gegen insgesamt 733 Beschuldigte im Zusammenhang mit Verbrechen im Stammlager Dachau und seinen Außenlagern ermittelt worden.[8] Egon Zill gehörte zu den wenigen, die wegen Mordes verurteilt wurden. Die gegen ihn 1955 verhängte lebenslange Haftstrafe wurde aber reduziert, weshalb Zill schon 1963 aus der Haft entlassen wurde.[9]

Eine Veränderung der auf den Nachweis von individuellen Mord- bzw. Exzesstaten angelegten Rechtsprechung setzte mit einem Urteil des Landgerichts Lüneburg ein, das 2015 Oskar Gröning ohne Einzeltatnachweis wegen Beihilfe zum Mord in 300 000 Fällen verurteilte. Gröning hatte 1940 zunächst in der Besoldungsstelle der SS-Verwaltung, die auf dem Gelände des KZ Dachau untergebracht war, gearbeitet, bevor er im September 1942 zur Häftlingseigentumsverwaltung des KZ Auschwitz-Birkenau gewechselt hatte. Das Gericht kam zu dem Schluss, dass Gröning mit seiner Tätigkeit im KZ Auschwitz zu einem reibungslosen Ablauf der Vernichtungsmaschinerie beigetragen habe. Das Urteil wurde 2016 vom Bundesgerichtshof bestätigt.

Oskar Gröning, SS-Unterscharführer in der Standortverwaltung der SS Dachau und danach im KZ Auschwitz-Birkenau, undatiert

Państwowe Muzeum Oswiecim-Brzezinka

Da es bei Mord seit 1979 keine Verjährung mehr gibt und jede Tätigkeit in einem Vernichtungslager bzw. Konzentrations- und Vernichtungslager seit 2016 wieder als Beihilfe zum Mord ausgelegt werden kann, kommt es bis in die Gegenwart zu Strafverfahren wegen NS-Verbrechen. Aktuell laufen noch zahlreiche Ermittlungsverfahren gegen Angehörige von Lagerpersonal, von denen aber keines mehr das KZ Dachau betrifft.

1 Gemeint ist das Gesetz zur Befreiung von Nationalsozialismus und Militarismus; vgl. Clemens Vollnhals, Entnazifizierung. Politische Säuberung und Rehabilitierung in den vier Besatzungszonen 1945–1949, München 1991, S. 12f.

2 Vgl. Armin Schuster, Die Entnazifizierung in Hessen 1945–1954. Vergangenheitspolitik in der Nachkriegszeit (Vorgeschichte und Geschichte des Parlamentarismus in Hessen, Bd. 29/Veröffentlichungen der Historischen Kommission für Nassau, Bd. 66), Wiesbaden 1999, S. 129; Lutz Niethammer, Die Mitläuferfabrik. Die Entnazifizierung am Beispiel Bayerns, Berlin/Bonn 1982, S. 439.

3 Vgl. Marc von Miquel, Juristen: Richter in eigener Sache, in: Norbert Frei (Hrsg.), Karrieren im Zwielicht. Hitlers Eliten nach 1945, 2. Aufl., Frankfurt a. M. 2004, S. 165–218, hier S. 168–171.

4 Vgl. ebenda, S. 191.

5 Vgl. Anette Weinke, Eine Gesellschaft ermittelt gegen sich selbst. Die Geschichte der Zentralen Stelle Ludwigsburg 1958–2008 (Veröffentlichungen der Forschungsstelle Ludwigsburg der Universität Stuttgart, Bd. 13), Darmstadt 2008, S. 29.

6 Vgl. Zentrale Stelle der Landesjustizverwaltungen zur Aufklärung nationalsozialistischer Verbrechen, Ludwigsburg, Leitender Oberstaatsanwalt Jens Rommel (Hrsg.), 60 Jahre Zentrale Stelle in Ludwigsburg, Ludwigsburg 2018 [Broschüre], S. 11.

7 Vgl. Werner Renz, Fritz Bauer und das Versagen der Justiz. Nazi-Prozesse und ihre «Tragödie», Hamburg 2015, S. 100f.

8 Vgl. Edith Raim, Westdeutsche Ermittlungen und Prozesse zum KZ Dachau und seinen Außenlagern, in: Eiber/Sigel (Hrsg.), Dachauer Prozesse, S. 210–236, hier S. 212.

9 Vgl. Karin Orth, Egon Zill – ein typischer Vertreter der Konzentrationslager-SS, in: Klaus-Michael Mallmann/Gerhard Paul (Hrsg.), Karrieren der Gewalt. Nationalsozialistische Täterbiographien (Veröffentlichungen der Forschungsstelle Ludwigsburg der Universität Stuttgart, Bd. 2), Darmstadt 2004, S. 264–273, hier S. 271.

Aufsätze

ZEUGEN UND
BEWEISMITTEL
WITNESSES AND EVIDENCE

Die westdeutsche Strafjustiz und die im KZ Dachau begangenen Verbrechen[1]

Dr. habil. Edith Raim

Einleitung

Weniger bekannt als die von den US-Amerikanern durchgeführten Dachauer Prozesse sind die Ermittlungen und Gerichtsverfahren deutscher Strafverfolgungsbehörden zum KZ Dachau und seinen Außenlagern. Für die Verfolgung von Delikten im ehemaligen Stammlager Dachau war (und ist) die Staatsanwaltschaft München II verantwortlich, nicht aber für die in anderen Gerichtsbezirken liegenden einstigen Außenlager, zu denen beispielsweise die Staatsanwaltschaften Traunstein, Augsburg, Stuttgart, Konstanz oder Ravensburg Verfahren durchführten. Ab den 1970er-Jahren übernahm die Staatsanwaltschaft München I nach § 145 Gerichtsverfassungsgesetz die Untersuchung nationalsozialistischer Gewaltverbrechen (NSG) stellvertretend für andere oberbayerische und schwäbische Justizbehörden, sodass die geografische Streuung der Lager keine größere Rolle mehr spielte.[2]

Aufgrund der Wohnortzuständigkeit für die potenziellen Delinquentinnen und Delinquenten ermittelten weitere Strafverfolgungsbehörden in Franken und der Oberpfalz zum KZ Dachau. Dies gilt auch außerhalb der Grenzen Bayerns. Relevante Akten finden sich daher an zahlreichen westdeutschen Standorten. Da etwa der für die Meerwasserversuche an Häftlingen des KZ Dachau verantwortliche Arzt Dr. Wilhelm Beiglböck in den 1950er-Jahren als Leitender Arzt für die Innere Abteilung des Kreiskrankenhauses Buxtehude arbeitete,[3] eröffnete die Staatsanwaltschaft im niedersächsischen Stade ein Verfahren gegen ihn.[4]

Eine tiefgreifende Analyse der westdeutschen Ermittlungen und Prozesse zum KZ Dachau und seinen Außenlagern fehlt bis heute.[5] Eine Datenbank zu den Verfahren west- und ostdeutscher Justizbehörden mit Bezug auf NS-Verbrechen ermöglicht mittlerweile zumindest einen Überblick.[6]

Westdeutsche Ermittlungen und Prozesse zum KZ Dachau und seinen Außenlagern

Es lassen sich insgesamt 431 Verfahren zum KZ Dachau feststellen, 344 zum KZ Dachau selbst und 87 zu den Außenlagern. Diese 431 Verfahren richteten sich gegen 733 Beschuldigte, 572 von ihnen waren im Hauptlager im Einsatz, 161 in den Außenlagern. Die Verfahren fanden im Zeitraum von 1946 bis Mitte der 1970er-Jahre statt.

---

1 Eine frühere Version des Artikels erschien in dem von Ludwig Eiber und Robert Sigel herausgegebenen Band Dachauer Prozesse, vgl. Eiber/Sigel (Hrsg.), Dachauer Prozesse.

2 Diese Akten sind mit zwei Aktenzeichen versehen, dem der Ursprungsstaatsanwaltschaft und dem der führenden bzw. später zuständigen Staatsanwaltschaft München I. Obwohl diese Verfahren erst spät begannen, sind die Akten in Teilen bereits vernichtet worden, weil sich vermutlich weder die eine noch die andere Staatsanwaltschaft für die Ablage zuständig fühlte.

3 Vgl. Ernst Klee, Das Personenlexikon zum Dritten Reich. Wer war was vor und nach 1945?, Frankfurt a. M. 2003, S. 36 f.

4 Vgl. Az. Stade 16 Js 273/59 (9). Die Akten zu dem Verfahren wurden vernichtet. Beiglböck war im Nürnberger Ärzteprozess am 20.8.1947 zu 15 Jahren Haft verurteilt und 1951 entlassen worden.

5 Vgl. Günther Kimmel, Das Konzentrationslager Dachau. Eine Studie zu den nationalsozialistischen Gewaltverbrechen, in: Martin Broszat/Elke Fröhlich (Hrsg.), Bayern in der NS-Zeit. Herrschaft und Gesellschaft im Konflikt, Bd. 2, München 1979, S. 349–413, hier S. 412. Hier werden die wichtigsten Prozesse erwähnt, wobei die Liste nicht vollständig ist. Grundlegend zur juristischen Ahndung der KZ-Verbrechen, vgl. Jürgen Zarusky, Die juristische Aufarbeitung der KZ-Verbrechen, in: Wolfgang Benz/Barbara Distel (Hrsg.), Der Ort des Terrors. Die Geschichte der nationalsozialistischen Konzentrationslager, Bd. 1: Die Organisation des Terrors, München 2005, S. 345–362.

6 Vgl. Andreas Eichmüller, Die Verfolgung von NS-Verbrechen durch westdeutsche Justizbehörden seit 1945. Inventarisierung und Teilverfilmung der Verfahrensakten. Ein neues Projekt des Instituts für Zeitgeschichte, in: Vierteljahrshefte für Zeitgeschichte (VfZ) 50 (2002) 3, S. 507–516.

Gegen sechs von sieben ehemalige Kommandanten konnte nicht mehr ermittelt werden. Hilmar Wäckerle, Theodor Eicke, Hans Loritz und Eduard Weiter lebten bereits nicht mehr, Martin Gottfried Weiß und Alexander Piorkowski waren im Rahmen der von den Amerikanern durchgeführten Dachauer Prozesse zum Tode verurteilt und hingerichtet worden.[7] Lediglich der SS-Oberführer Heinrich Deubel, der vom 10. Dezember 1934 bis Ende März 1936 dritter Kommandant des KZ Dachau gewesen war, blieb der deutschen Justiz überlassen. Das Verfahren gegen ihn wurde mangels Beweisen eingestellt, da ihm keine Verantwortung für Tötungen nachgewiesen werden konnte. Die von ihm verhängten Lagerstrafen galten als (inzwischen strafrechtlich verjährte) Körperverletzungen.[8]

Urteile mit lebenslänglichem Strafmaß

In fünf Prozessen erhielten Angeklagte lebenslängliche Haftstrafen. Diese Verurteilungen fielen alle in den Zeitraum von 1945 bis 1961. Vier der Verfahren betrafen die Tötung jüdischer Häftlinge zwischen 1933 und 1938 im KZ Dachau, ein Prozess betraf das Außenlager Kaufering III.[9] Der ehemalige SS-Scharführer Otto Pfrang wurde 1949 in Würzburg wegen Mordes an einem Häftling namens [?] Holzinger zum Tode sowie wegen schwerer Körperverletzung im Amt zusätzlich zu 15 Jahren Zuchthaus verurteilt.[10] Im Urteil hieß es:

> *„Das unsagbare Leid, die unbeschreibliche Verzweiflung, die zahllosen Qualen und Schmerzen, die der Angeklagte über unschuldige Menschen brachte, konnten sich nicht anders als in einer harten Bestrafung auswirken. Auch war zu berücksichtigen, daß der Angeklagte durch sein bestialisches Wüten gegenüber Wehrlosen nicht unerheblich dazu beitrug, den Namen des deutschen Volkes vor aller Welt zu besudeln, daß er die menschliche Kultur schändete und ein williges Werkzeug einer verbrecherischen Staatsführung war. Sein uneinsichtiges, reueloses Verhalten in der Hauptverhandlung machen ihn keiner auch noch so geringfügigen Milde würdig."*[11]

Das Oberlandesgericht Bamberg wandelte die Todesstrafe, die in der Bundesrepublik nicht mehr zulässig war, in eine lebenslange Haftstrafe um.

Beim Verfahren gegen Hans Steinbrenner wegen der Tötung von Häftlingen im KZ Dachau griff die Staatsanwaltschaft München II auf Ermittlungen aus der NS-Zeit zurück.[12] Nach der Kapitulation hatte die Polizei im Schreibtisch von Adolf Wagner, dem ehemaligen Gauleiter von München und Oberbayern und Bayerischen Innenminister, die Verfahrensakten zum KZ Dachau gefunden und sie am 31. Dezember 1946 an die Staatsanwaltschaft München II übergeben.

Diese vernahm daraufhin den ehemaligen Oberstaatsanwalt von München II, Karl Wintersberger, als Zeugen. Er erklärte, in allen von ihm seinerzeit eingeleiteten Ermittlungen hätte die Leichenschau vorsätzliche Tötungen ergeben, die im Frühjahr 1933 zur Anklageerhebung wegen Mordes gegen den Lagerkommandanten Wäckerle, den Lagerarzt Dr. Werner Nuernbergk und den Kriminalobersekretär [?] Mutzbauer geführt hätten.

7 Gegen Piorkowski war nach seiner Hinrichtung noch ein deutsches Verfahren (Mainz 3 Js 801/49) anhängig geworden. Die Witwe von Georg Nischwitz aus Worms-Leiselheim hatte gegen Piorkowski Anzeige erstattet, weil er das Telegramm vom 25. 3. 1941 unterzeichnet hatte, in dem ihr der Tod ihres Mannes im KZ Dachau mitgeteilt worden war. Das Verfahren ist überliefert in den Archives de l'Occupation Française en Allemagne et en Autriche, Colmar, AJ 1616, p. 804, Dossier 600.

8 Vgl. Staatsarchiv München, Staatsanw. 34442, München II Da 12 Js 540/49. Die Spruchkammer Landshut Az. 2247/49 stufte Deubel als belastet ein und verhängte eine Strafe von drei Jahren Arbeitslager sowie DM 5000,– Sühne.

9 Ein weiterer Prozess betraf das KZ Dachau lediglich am Rande (Verbrechen auf einem Todesmarsch Richtung Dachau), vgl. Bremen 3 Js 1263/50 = 3 Ks 2/53, Urteil veröffentlicht in: Christiaan F. Rüter/Dick W. de Mildt (Hrsg.), Justiz und NS-Verbrechen. Sammlung deutscher Strafurteile wegen nationalsozialistischer Tötungsverbrechen 1945–1966, Bd. 11, Amsterdam 1974.

10 Vgl. Staatsarchiv Würzburg, Staatsanw. Würzburg 673, Würzburg 1 Js 133/48 = Würzburg KLs 14/49. Die Anklage datiert vom 3. 2. 1949, das Urteil erging am 7. 4. 1949.

11 IfZ, Gw 03.03, Urteil Otto Pfrang, 7. 4. 1949.

12 Vgl. StA München, Staatsanw. 34462/1-14, Da 12 Js 277/48 = Gen Ks 9, 10/51; vgl. ferner StA München, Staatsanw. 7014: Film S 2668 mit Ermittlungsakten von 1933 sowie Nachkriegsermittlungen.

Hans Steinbrenner, ehemaliger SS-Untersturmführer, wurde Anfang der 1950er-Jahre wegen Mordes an zwei jüdischen Häftlingen aus Nürnberg und Bamberg sowie Körperverletzung im Amt in neun Fällen zu lebenslänglichem Zuchthaus verurteilt. Ein Mittäter, der ehemalige SS-Oberscharführer Johann Unterhuber, erhielt sechs Jahre wegen Beihilfe zur Aussageerpressung, gefährlicher Körperverletzung und Körperverletzung im Amt.[13]

Der frühere SS-Hauptscharführer Wolfgang Seuss, ehemals Block- und Rapportführer, wurde 1949 angeklagt. Allerdings war er bereits wegen Verbrechen im KZ Natzweiler von einem Militärgericht in Paris zum Tode verurteilt worden. Nach der Auslieferung an die westdeutsche Justiz wurde er wegen Mordes an einem jüdischen Häftling aus Breslau am 14. November 1937 mit lebenslänglichem Zuchthaus bestraft.[14]

1960 stand mit Franz Johann Hofmann ein weiterer früherer Rapportführer aus dem einstigen KZ Dachau vor Gericht. Wegen der Tötung zweier jüdischer Häftlinge 1938 wurde er zu lebenslanger Haft verurteilt.[15] Wenige Jahre später erfolgte im ersten Frankfurter Auschwitz-Prozess ein weiteres Urteil zu lebenslänglicher Haft, da Hofmann später Erster Schutzhaftlagerführer im KZ Auschwitz gewesen war.[16] Ein weiteres Jahr danach wurde Hofmann für seine Verbrechen als Lagerführer in verschiedenen württembergischen Außenlagern des KZ Natzweiler zur Verantwortung gezogen und zusätzlich zu zwölf Monaten Zuchthaus verurteilt.[17] Hofmann gehörte zu den wenigen Personen, bei denen Taten in verschiedenen Lagern jeweils Verurteilungen nach sich zogen. Er starb 1973 in der Justizvollzugsanstalt Straubing.

1950 wurde ein ehemaliger Funktionshäftling zu lebenslanger Haft verurteilt.[18] Der aus Nürnberg stammende Franz Xaver Trost war nach mehreren Vorstrafen wegen Betrugs, Diebstahls, Raubes, Hausfriedensbruchs und Urkundenfälschung 1939 ins KZ Flossenbürg überstellt worden, weitere Haftorte waren die Lager Ravensbrück und Dachau. Als Kapo im Außenlager Kaufering III hatte er laut Zeugenaussagen in den Jahren 1944 und 1945 vier Mithäftlinge erschlagen.

Urteile mit zeitigen Freiheitsstrafen

Der mutmaßlich erste deutsche KZ-Prozess zu Dachau[19] richtete sich gegen den ehemaligen SS-Hauptscharführer Maximilian Seefried, der wegen Mordes an zwei politischen Häftlingen im Jahr 1934 angeklagt war.[20] Nachdem zunächst die Todesstrafe verhängt worden war, wurde das Strafmaß im September 1948 auf zehn Jahre Zuchthaus reduziert. Der frühere SS-Oberscharführer Karl Ehmann wurde 1951 wegen Totschlags zu acht Jahren Zuchthaus verurteilt, weil er im Mai 1933 einen politischen Häftling erschossen hatte.[21]

Der frühere Führer einer Wachkompanie, der vormalige SS-Hauptsturmführer Karl Friedrich Wicklmayr, wurde 1948 der Beihilfe zum Totschlag an Häftlingen im KZ Dachau im Frühjahr 1933 beschuldigt. Die Staatsanwaltschaft zog die Anklage aber zurück, weil der Beschuldigte als gesundheitlich eingeschränkt galt. Im Jahr 1949

13 Vgl. StA München, Staatsanw. 34462/1-14, München II Da 12 Js 277/48 (auch 2 Js Gen 11,58/49) = München II Gen Ks 9, 10/51; zu Unterhuber vgl. StA München, Staatsanw. 34464/1-4. Das Verfahren hatte sich nach einer Anklage am 24.9.1948 über fast vier Jahre hingezogen, bis am 10.3.1952 das Urteil gefällt wurde.

14 Vgl. StA München, Staatsanw. 34570/1-6, München II Da 12 Js 608/54 = München II 2 Ks 2/60. Die Anklage (ursprünglich Hamburg 14 Js 109/49) war vermutlich aus einem Spruchkammerverfahren erwachsen, 1954 war unter Da 12 Js 206/52 die gerichtliche Voruntersuchung eröffnet worden, 1956 wurde das Verfahren unter München II 1 Js Gen 138/50 mit der Begründung eingestellt, dass Seuss in Frankreich zum Tode verurteilt worden war. Am 11.3.1960 kam es erneut zu einer Anklage, am 22.6.1960 erging das Urteil.

15 Vgl. StA München, Staatsanw. 34590/1-9; StA München, Staatsanw. 34397, München II Da 12 Js 265/59 = München II 2 Ks 8/61; vgl. ferner Berichtsakt im Staatsarchiv Nürnberg, Generalstaatsanwaltschaft beim OLG Nürnberg 315. Das Urteil erging am 19.12.1961.

16 Vgl. Hessisches Hauptstaatsarchiv Wiesbaden, Abt. 461, Nr. 37638/1-456, Strafsache gegen Robert Mulka et al., Frankfurt 4 Js 444/59 = Frankfurt 4 Ks 2/63, Urteil vom 20.8.1965.

17 Vgl. Staatsarchiv Ludwigsburg, EL 317 III Nr. 1236-1363, Stuttgart 16 Js 326/62 = Hechingen Ks 18/63. Das Urteil erging am 18.3.1966.

18 Vgl. Staatsarchiv Augsburg, Staatsanwaltschaft Augsburg Ks 1/50, Augsburg 4 Js 528/49 (früher Bamberg 7 Js 12/49).

19 So titelte die Süddeutsche Zeitung am 3.2.1948: „Der erste deutsche KZ-Prozeß", in: Süddeutsche Zeitung, 3.2.1948 [Kopie, Sammlung d. Verf.].

20 Vgl. StA München, Staatsanw. 34402, München II Da 8 Js 1/47 = KLs 42/47.

21 Vgl. StA München, Staatsanw. 17445, München I 1 Js 1057/51 = Da 12 Js 1975/48 = 1 Ks 10/50.

kam es jedoch zu einer gerichtlichen Vorprüfung, da eine nunmehr veranlasste medizinische Untersuchung keinen Nachweis von Schizophrenie ergeben hatte. 1951 folgten eine Anklage wegen Mordes und die Verurteilung zu sechs Jahren Zuchthaus wegen Beihilfe zum Totschlag.[22]

Bei weiteren Prozessen, die während der Besatzungszeit und in den frühen Jahren der Bundesrepublik stattfanden, ging es vor allem um Körperverletzungen, teils auch in Kombination mit den Straftatbeständen Körperverletzung im Amt, Nötigung und Aussageerpressung.

Die Bilanz zu Strafverfahren wegen Verbrechen in den Außenlagern des KZ Dachau fällt eher mager aus. Insgesamt gab es nur drei Prozesse, alle anderen Ermittlungen endeten mit Verfahrenseinstellungen. Die drei Prozesse betrafen den Außenlagerkomplex Kaufering und fanden sämtlich vor 1951 statt. Neben dem bereits erwähnten Urteil gegen Franz Xaver Trost gab es außerdem einen Prozess gegen den „volksdeutschen" Waffen-SS-Angehörigen Georg Fiederer, der 1948 wegen schwerer Körperverletzung und Körperverletzung mit Todesfolge in den Außenlagern Kaufering VII und XI vor dem Landgericht Augsburg stand.[23] Er wurde schließlich wegen gefährlicher Körperverletzung zu zwei Jahren Gefängnis verurteilt. Der ehemalige Funktionshäftling Dr. Nikolai Löwenstein, ein ehemaliger Ghetto-Polizist aus Kaunas und Blockältester in Kaufering I, wurde wegen Körperverletzung von Mithäftlingen vom Landgericht München II zur Verantwortung gezogen. Das Urteil lautete auf fünf Monate Gefängnis.

Eine vergleichsweise hohe Freiheitsstrafe erhielt 1955 der frühere Erste Schutzhaftlagerführer Egon Zill.[24] Zunächst war er zu lebenslänglich und zuzüglich 15 Jahren Zuchthaus verurteilt worden. Nachdem seit 1949 erfolglos/in Abwesenheit gegen ihn ermittelt worden war – Zill lebte unter dem Aliasnamen Willi Sonntag –, kam es erst 1953 zu einer Wiederaufnahme und im folgenden Jahr zur Anklage.[25] Neben der Beihilfe zum Mord an einem sowjetischen Kriegsgefangenen wurde Zill der Befehl zur Tötung zweier geschwächter Häftlinge zur Last gelegt, die Tatausführung wurde Karl Kapp, dem ehemaligen Lagerältesten im KZ Dachau, angelastet. Kapp, der sich damals in sowjetischer Kriegsgefangenschaft befand, wurde nach seiner Rückkehr 1960 vor Gericht gestellt, aber bezüglich der Tat freigesprochen. Dies hatte Auswirkungen auf das Verfahren gegen Zill:[26] Dadurch, dass er nun nicht mehr wegen Anstiftung zum Mord, sondern aufgrund erfolgloser Aufforderung zu einem Verbrechen verurteilt wurde, wurde das Strafmaß 1961 auf 15 Jahre Haft reduziert.

Der letzte Dachau-Prozess bundesdeutscher Justizbehörden fand 1975 statt. Der Arzt Dr. Heinrich Schütz wurde wegen der Durchführung von Sepsis- und Phlegmoneversuchen an inhaftierten Geistlichen im KZ Dachau während der Jahre 1942 und 1943 vor Gericht gestellt und wegen Beihilfe zum Mord zu zehn Jahren Haft verurteilt.[27]

Ermittlungen

Sehr viel zahlreicher als die Prozesse sind die Ermittlungsverfahren, die aber meistens wegen Verjährung, mangels Beweises oder wegen des Todes der betreffenden Person eingestellt wurden.

Je länger die juristische Beschäftigung mit den NS-Verbrechen dauerte, desto mehr Zweitermittlungen gab es, da sich der Informationstransfer zwischen einzelnen Staatsanwaltschaften zunächst mangelhaft gestaltete. Wegen neuer Erkenntnisse wurden abermalige Untersuchungen zu bereits in den amerikanischen Prozessen verurteilten Personen veranlasst.[28] Im Rahmen neuer Verfahren tauchten Namen auf, die aus früheren Ermittlungen oder Verfahren zu NS-Verbrechen bekannt waren. Dazu zählten zum Beispiel Friedrich Karl Freiherr von Eberstein, der frühere Münchner Polizeipräsident und Höhere SS- und

22 Vgl. StA München, Staatsanw. 34461/1-6; StA München, Staatsanw. 7014, München II Da 12 Js 1649/48 = 12 Ks 5/51.

23 Vgl. StA Augsburg, Staatsanw. Augsburg 4 KLs 18/48, Augsburg 4 Js 3091/47, Anklage 25.6.1948, Urteil 2.11.1948.

24 Vgl. StA München, Staatsanw. 34867-34873, München II Da 12 Js 315/53 = 12 Ks 13/54.

25 Zur Karriere von Zill vgl. Orth, Zill, S. 264–273.

26 Vgl. StA München, Staatsanw. 34588/1-11, München II Da 12 Js 75/56 = 2 Ks 7/60.

27 Vgl. StA München, Staatsanw. 34866/1-33, München II 12 Js 15/70 = 12 Ks 1/72.

28 Vgl. Traunstein 1a Js 429a-t/60; Traunstein 1a Js 46/59. Hier wurden Angeklagte aus dem amerikanischen Mühldorf-Prozess auf eventuell noch nicht abgeurteilte Straftaten hin überprüft. Die Akten zu den Verfahren selbst sind vernichtet, eine Parallelüberlieferung existiert unter StA München, Generalstaatsanw. OLG München 1222, Traunstein 1a Js 429a-t/60.

Polizeiführer; Oswald Schäfer, Leiter der Staatspolizeileitstelle München, SS-Obersturmbannführer und Oberregierungsrat; Richard Lebküchner, Leiter der Abteilung IV E (Ausländer) bei der Gestapo München; Karl Friedrich Otto Wolff, SS-Obergruppenführer, General der Waffen-SS und Chef des Persönlichen Stabes beim Reichsführer SS sowie Professor Werner Heyde, der Hauptverantwortliche für die „Euthanasie"-Aktion T4. Sie alle waren wegen ihrer exponierten Stellungen in verschiedenen Funktionen an Verbrechen im KZ Dachau beteiligt gewesen, so etwa an der Überstellung von Häftlingen oder Zwangsarbeitern zur Exekution, an der verwaltungsmäßigen Mitwirkung im Rahmen medizinischer Versuche an Häftlingen und an der Aktion 14f13, der Aussonderung für arbeitsunfähig erklärter Häftlinge zur Überstellung an die Vergasungsanstalten. Für Professor Werner Heyde war zudem belegt, dass er als Chef einer Ärztekommission das KZ Dachau aufgesucht hatte.[29]

In westdeutschen Verfahren wurden die NS-Karrieren von Täterinnen bzw. Tätern deutlich stärker erforscht als in den amerikanischen oder britischen Prozessen. Das Wissen hierüber war mit der Dauer der strafrechtlichen Verfolgung von NS-Verbrechen stark angewachsen, weshalb die Ermittler genauere Kenntnisse über die häufigen Transfers von Lagerpersonal innerhalb des KZ-Systems hatten. So strengten Staatsanwaltschaften gegen den einstigen Arrestaufseher im KZ Sachsenhausen, Kaspar Drexl, und den früheren Schutzhaftlagerführer im KZ Mauthausen, Anton Streitwieser, beide schon in anderen Prozessen verurteilt, weitere sieben respektive fünf Verfahren wegen Verbrechen im KZ Dachau an. Der bereits zu lebenslanger Haft verurteilte frühere Schutzhaftlagerführer im Lager Gusen, Karl Chmielewski, wurde nochmals wegen seines Dienstes im KZ Dachau juristisch auf mögliche Vergehen dort überprüft. Das Gleiche galt für den in Essen wegen seiner Tätigkeit im KZ Mittelbau-Dora zu achteinhalb Jahren verurteilten ehemaligen SS-Hauptscharführer Erwin Busta, der 1933 und danach von 1936 bis 1942 zum Personal des KZ Dachau gehört hatte.

Trotz der Vielzahl von Ermittlungen blieben die Recherchen Stückwerk. Viele Straftaten im KZ Dachau und in seinen Außenlagern blieben ungesühnt, weil sie in späteren Jahren kaum noch hinreichend bewiesen werden konnten. In vielen Fällen vermochten Zeuginnen und Zeugen die Beschuldigten nicht zu identifizieren und Ermittlungen mussten gegen Unbekannt geführt oder mangels Beweises eingestellt werden. Erschwerend kam hinzu, dass die Lager-SS zu Kriegsende systematisch Akten des KZ Dachau vernichtet hatte.

Waren die Verbrechen schriftlich dokumentiert, bestand eine höhere Wahrscheinlichkeit der juristischen Aufklärung. Dies trifft besonders auf Verbrechen zu Beginn der NS-Diktatur zu, als Polizei und Staatsanwaltschaft, wenn auch nur beschränkt, noch ermitteln konnten und von Gerichtsmedizinern noch Obduktionsberichte angefertigt wurden.

Zu den gut ausermittelten Tatkomplexen gehörten auch die medizinischen Versuche und die sogenannte Aktion 14f13, die schon zur Tatzeit in der Häftlingsgesellschaft bekannt waren[30] und nach 1945 Gegenstand alliierter Prozesse (Dachau-Hauptprozess, Nürnberger Ärzteprozess) wurden. Aber auch eine gute Quellenlage und erfolgreiche Ermittlungen führten nicht zwangsläufig zu Verurteilungen. So kam es zur Einstellung des Verfahrens gegen Prof. Dr. Oskar Schröder, einen ehemaligen Generaloberstabsarzt der Luftwaffe, der ab 1944 Meerwasserversuche an Sinti und Roma im KZ Dachau angeordnet hatte. Denn der Oberstaatsanwalt hatte in einem Schreiben vom 29. Januar 1959 an den Generalstaatsanwalt geltend gemacht, dass die Versuche unter „wissenschaftlich und medizinisch einwandfreien Bedingungen" durchgeführt worden seien und Schädigungen der Versuchspersonen nicht feststellbar wären.[31]

Zur Ermordung der sowjetischen Kriegsgefangenen im KZ Dachau gab es von deutscher Seite kaum Ermittlungen oder Prozesse.[32] Dies mag daran gelegen haben, dass sich die Staatsanwaltschaft München II wegen der Staatsan-

29 Vgl. Kimmel, Konzentrationslager, S. 387; Stanislav Zámečník, Das war Dachau, Luxemburg 2002, S. 214.

30 Vgl. Kimmel, Konzentrationslager, S. 387.

31 Vgl. StaA München, Staatsanw. 34526, München II Da 12 Js 600/58.

32 Vgl. StA München, Staatsanw. 34836/1-6, München I 119 b Js 10-11/71.

gehörigkeit der Opfer nicht zuständig fühlte oder dass der Mangel an schriftlichem Beweismaterial die Staatsanwälte abschreckte. Im Urteil gegen Egon Zill war lediglich der Mord an einem einzelnen sowjetischen Kriegsgefangenen, nicht die Beteiligung an der massenhaften Erschießung dieser Gruppe der KZ-Häftlinge berücksichtigt worden.

Ermittlungen basierten immer auf dem damals verfügbaren Wissen. In Oldenburg wurde 1950 eine Untersuchung gegen den letzten Leiter der Politischen Abteilung des KZ Dachau eingeleitet.[33] Der Kriminalsekretär und SS-Hauptscharführer Otto Kloppmann[34] war vom Reichssicherheitshauptamt zum 20. September 1944 als Nachfolger des Kriminalobersekretärs Johann Kick in das KZ Dachau gesandt worden und dort bis zur Befreiung tätig gewesen. Laut der Zeugenaussage des Schriftstellers Reimund Schnabel war Kloppmann maßgebend an Transporten von Häftlingen zur „Sonderbehandlung" (Vergasung) in das KZ Auschwitz-Birkenau beteiligt gewesen. Außerdem habe er sogenannte „verschärfte Vernehmungen" von Häftlingen durchgeführt, Exekutionsbefehle unterschrieben und Häftlinge misshandelt.

Doch die Staatsanwaltschaft stellte das Verfahren ein, da es bezüglich der „verschärften Vernehmungen" und der Beteiligung an Exekutionen keine sicheren Beweise gäbe. Trotz des fortbestehenden Tatverdachts gegen Kloppmann verhinderte das Amnestiegesetz vom 31. Dezember 1949 eine Anklage wegen Körperverletzung im Amt an zwei Häftlingen, da Straftaten bei denen keine höhere Strafe als sechs Monate Gefängnis zu erwarten waren, nicht mehr zur Anklage gebracht werden konnten.

Wegen der Häftlingstransporte in das KZ Auschwitz-Birkenau hätte allerdings Anklage erhoben werden müssen. Die Staatsanwaltschaft Oldenburg machte jedoch geltend, dass es seit September 1944 keine Transporte mehr nach Auschwitz gegeben habe. Dies war nach heutigem Kenntnisstand falsch, denn noch im September und Oktober 1944 wurden aus den Außenlagerkomplexen Mühldorf und Kaufering jüdische Häftlinge in das KZ Auschwitz-Birkenau überstellt.[35]

Vermutlich war Kloppmann auch zumindest mittelbar an der Hinrichtung von Häftlingen im KZ Dachau im April 1945 beteiligt gewesen. Das Reichssicherheitshauptamt sandte seine Exekutionsbefehle in der Regel direkt an die Kommandantur oder die Politische Abteilung eines Konzentrationslagers. Kloppmann war zu jener Zeit Leiter der Politischen Abteilung im KZ Dachau. Aber auch hieraus ergaben sich keine weiteren juristischen Folgen für Kloppmann als möglichen Empfänger des Exekutionsbefehls.

Kloppmann war ab 1942 auch im Kriegsgefangenenlager der Waffen-SS Lublin, später KZ Lublin-Majdanek, Leiter der Politischen Abteilung gewesen und dort zum Kriminalsekretär ernannt worden. Es ist erstaunlich, dass die Staatsanwaltschaften Oldenburg (Wohnortzuständigkeit) und München II (zuständig für Verbrechen im KZ Dachau) hier nicht tätig wurden.

Die 1971 eingeleiteten Ermittlungen gegen Kloppmann im Düsseldorfer Majdanek-Prozess endeten fünf Jahre später ohne Anklage, weil ihm dauerhafte Verhandlungsunfähigkeit attestiert wurde.[36] 1981 wurden auch die fünf Jahre zuvor begonnenen Ermittlungen in München eingestellt.[37]

Fazit

Die Ahndung von KZ-Verbrechen bildet einen wichtigen Schwerpunkt innerhalb der Verfolgung von NS-Straftaten durch deutsche Justizbehörden. Man kann davon ausgehen, dass das letzte Verfahren zu NS-Verbrechen in Deutschland ein Strafverfahren wegen Verbrechen in

33 Vgl. Niedersächsisches Landesarchiv, Abteilung Oldenburg, Generalstaatsanwaltschaft Oldenburg, 140-4, Nr. 882, Acc. 13/79 Nr. 178, Oldenburg 9 Js 56/49.

34 Vgl. NLA, Abt. Oldenburg, Generalstaatsanwaltschaft Oldenburg, 140-4, Nr. 882, Acc. 13/79 Nr. 178, Oldenburg 9 Js 56/49. Kloppmann wurde 1902 in Immensen, Kreis Burgdorf, Provinz Hannover geboren und trat 1933 der NSDAP bei. 1936 wurde er nach zwölf Jahren Dienst bei der Schutzpolizei als Kriminalassistent von der Kripo Hannover übernommen. Das Spruchgericht Bergedorf verurteilte Kloppmann am 9.2.1949 wegen Zugehörigkeit zu einer verbrecherischen Organisation (Gestapo) zu zwei Jahren und sechs Monaten Gefängnis. Durch die Internierungshaft galt die Strafe als verbüßt.

35 Vgl. Danuta Czech, Kalendarium der Ereignisse im Konzentrationslager Auschwitz-Birkenau 1939–1945, Reinbek 1989, S. 915.

36 Vgl. Hauptstaatsarchiv Düsseldorf, Zweigarchiv Schloss Kalkum, Gerichte Rep. 432/1-478, Köln (Z) 130 (24) Js 200/62 (Z) = Düsseldorf UR I 4/71 = Düsseldorf 8 Ks 1/75.

37 Vgl. StA München, Staatsanw. 34799, München II 14 Js 16280/76 = München I 320 Js 13506/76.

einem Konzentrations- und/oder Vernichtungslager sein wird.

Die Tatkomplexe Dachau, Buchenwald, Mittelbau-Dora, Mauthausen oder Flossenbürg waren durch die Amerikaner juristisch bereits sehr weitgehend „aufgearbeitet" worden, während die Briten die Verbrechen in den KZ Bergen-Belsen, Ravensbrück und Neuengamme umfassend geahndet hatten.

Für alliierte wie deutsche Ermittler stand nicht die Erforschung einzelner Lagerkomplexe oder Täterbiografien im Mittelpunkt, sondern lediglich ein kleiner geografisch und zeitlich überschaubarer Ausschnitt, der im Regelfall für eine Verurteilung ausreichte und der Ökonomie der Prozessführung entgegenkam. Dennoch dauerten deutsche Prozesse im Vergleich zu alliierten Verfahren häufig länger. Aufgrund zahlreicher Zeugenaussagen mussten Kapos vor deutschen Gerichten mit unverhältnismäßig harten Strafen rechnen, während Angehörige der Lager-SS deutlich geringere Strafen erhielten. Die Schwerpunkte der Tätigkeit deutscher Ermittlungsbehörden bezüglich der Straftaten im KZ Dachau lagen eindeutig in den Jahren vor 1960. Dabei wurden vor allem Verbrechen der Vorkriegszeit aufgeklärt.

Die 1958 gegründete Zentrale Stelle Ludwigsburg spielte in den Folgejahren eine vergleichsweise geringe Rolle für die Ermittlungen zum KZ Dachau. Dies lag daran, dass Ludwigsburg erst ab Ende 1964 für die Nachforschungen zu einstigen NS-Lagern auf dem Gebiet der Bundesrepublik zuständig wurde,[38] doch zu diesem Zeitpunkt waren bereits alle NS-Straftaten außer Mord oder Beihilfe dazu verjährt. Das hatte auch Auswirkungen auf die Ermittlungen zu den Außenlagern: Lediglich Straftaten, bei denen eine grausame, heimtückische oder aus niedrigen Beweggründen erfolgte Tötung (oder Beihilfe dazu) erfolgt war, konnten noch geahndet werden. Dies betraf im Regelfall Hinrichtungen oder Erschießungen auf den Todesmärschen. Gerade diese Taten waren jedoch häufig bereits durch die amerikanische Militärgerichtsbarkeit abgeurteilt worden.

In der bundesdeutschen Rechtslage nach 1960 galten Tötungen bei angeblichen Fluchtversuchen als Totschlag und waren ebenso wie Körperverletzungen mit Todesfolge (z. B. durch Vollstreckung einer Lagerstrafe) verjährt. Dies galt auch für die systematische Vernachlässigung von Häftlingen, die im KZ Dachau und den Außenlagern schlicht verhungert, erfroren oder Seuchen zum Opfer gefallen waren. Da sich in den Ludwigsburger Vorermittlungen deshalb keine Hinweise auf noch verfolgbare Verbrechen ergaben, spielten viele der über 140 Dachauer Außenlager in den staatsanwaltschaftlichen Verfahren keine Rolle mehr.

Welche Handlungsspielräume hatte die westdeutsche Justiz? In der Forschung herrscht Einigkeit darüber, dass sich die Mehrzahl der Verbrechen in den Konzentrationslagern während des Krieges und vor allem in der zweiten Kriegshälfte ereigneten. Genau für letzteren Zeitraum waren anfangs die alliierten Ermittler zuständig. Im Überleitungsvertrag von 1955 hatte sich die Bundesrepublik überdies zur Anerkennung der von den Westalliierten gefällten Urteile verpflichtet.[39] Das galt auch für Freisprüche durch Gerichte der Alliierten: Selbst wenn neue Erkenntnisse und Aktenfunde diese in Frage stellten, konnten westdeutsche Justizorgane bis in die 1970er-Jahre hier nicht mehr tätig werden.[40] Wegen der amerikanischen Verfahren hinsichtlich Verbrechen gegen die Menschlichkeit und/oder Kriegsverbrechen wurde davon ausgegangen, dass damit auch im Urteil nicht explizit erwähnte Einzelfälle ihre juristische Ahndung erfahren hatten. Nur wenn es bei einem

38 Vgl. Willi Dreßen, Die Zentrale Stelle der Landesjustizverwaltungen zur Aufklärung von NS-Verbrechen in Ludwigsburg, in: Wolfgang Benz/Barbara Distel (Hrsg.), Dachauer Hefte. Studien und Dokumente zur Geschichte der nationalsozialistischen Konzentrationslager, Erinnern oder Verweigern. Das schwierige Thema Nationalsozialismus, Bd. 6, Dachau 1990, S. 85–93, hier S. 88.

39 Zur Problematik des Überleitungsvertrags vgl. ebenda, S. 87.

40 Dies betrifft etwa den Fall von Dr. Rudolf Brachtel, der Leberpunktionen bei Häftlingen durchführte. Da er behauptete, die Punktionen seien nicht Teil der medizinischen Versuche von Professor Schilling gewesen, sondern hätten zu einer Therapie gehört, wurde er durch ein amerikanisches Militärgericht in Dachau (Case 000-50-2-103) mangels Beweises freigesprochen. Zámečník weist nach, dass Brachtel die Unwahrheit sagte, denn er hatte die Maßnahmen auch bei gesunden Häftlingen durchgeführt, bei denen keinerlei Indikation vorlag, vgl. Zámečník, Dachau, S. 284. Deutsche Ermittlungsverfahren gegen Brachtel wurden eingestellt, vgl. StA München, Staatsanw. 34875/1-18, München II 13 Js 12/68 (frühere Aktenzeichen Da 12 Js 672/58; 12 Js 23/70; München I 119 f Js 1-3/71); StA München, Staatsanw. 34875/4, München II 10a Js 147/60.

NS-Verbrechen deutsche oder nicht-alliierte Opfer gab, konnte die deutsche Justiz noch einmal Anklage erheben.[41] Die in den amerikanischen Dachau-Prozessen verurteilten und inzwischen aus der Haft entlassenen Personen wurden von deutscher Seite diesbezüglich überprüft. Grundsätzlich aber waren die deutschen Recherchen zu Verbrechen in Konzentrationslagern schwierig: Die Taten lagen lange zurück, Zeugeninnen und Zeugen waren oft nur noch schwer zu ermitteln, die Aussagen waren zu unterschiedlich, um eine belastbare Beweisführung zu ermöglichen. Einige Täterinnen und Täter tauchten erfolgreich unter: Der SS-Hauptsturmführer Heinrich Georg Forster, verantwortlich für Straftaten in dem Ghetto bzw. KZ Schaulen sowie dem Dachauer Außenlagerkomplex Kaufering und dem Flossenbürger Außenlager Hersbruck, lebte bis zu seinem Tod 1955 unter dem falschen Namen Heinrich Reich in Hessen. Auch in anderen Fällen war es schlichtweg unmöglich, verdächtige Personen zu erfassen und zu überprüfen.

Die Gesamtzahl aller in Dachau eingesetzten SS-Mitglieder ist nicht bekannt. Es existieren lediglich Zahlen für einzelne Jahre: 1937 umfasste die Kommandantur des KZ Dachau 210 Männer, die Zahl der Wachmannschaften betrug 1621 Personen; 1945 war das Personal der Kommandantur auf 245 Personen und die Zahl der Wachmannschaften sogar auf 3855 angewachsen.[42]

Die Angehörigen der Kommandantur-SS standen am stärksten im Fokus der Ermittlungsbehörden. Verfahren zum Lagerkomplex Dachau betrafen auch sogenannte Schreibtischtäter. Einige Täter waren wegen Straftaten in anderen Lagern bereits in anderen Prozessen zur Verantwortung gezogen worden.

Im Rahmen der Befreiung des Lagers Dachau wurden etwa 50 SS-Männer ohne Gerichtsverfahren erschossen oder erschlagen.[43]

Insgesamt dürften die Verbrechen im KZ Dachau trotz der oben geschilderten Hindernisse bei der Strafverfolgung als vergleichsweise gut ermittelt gelten. Dazu haben vor allem amerikanische, aber auch deutsche Prozesse und Untersuchungen beigetragen. Bis heute stellen die Akten aus den Strafverfahren eine der wichtigsten Grundlagen für die Erforschung der Geschichte der Konzentrationslager dar.

41 So etwa im Verfahren gegen Ilse Koch vor dem Landgericht Augsburg (StA Augsburg, Staatsanw. Augsburg Ks 22/50): Im Gegensatz zum amerikanischen Buchenwald-Prozess, in dem Ilse Koch sich ebenfalls verantworten musste, ging es hier ausschließlich um ihre Straftaten gegenüber deutschen und österreichischen Häftlingen im KZ Buchenwald. Zu Ilse Koch siehe Tomaz Jardim, Ilse Koch on Trial. Making the "Bitch of Buchenwald", Cambridge 2023.

42 Vgl. Teodor Musiol, Dachau. 1933–1945, Katowice 1971, S. 62, 285, zitiert nach: Miroslav Kdrný, Waffen-SS und Konzentrationslager, in: Ulrich Herbert/Karin Orth/Christoph Dieckmann (Hrsg.), Die nationalsozialistischen Konzentrationslager. Entwicklung und Struktur, Bd. 2, Göttingen 1998, S. 787–799, hier S. 796.

43 Vgl. Jürgen Zarusky, "That is not the American Way of Fighting". Die Erschießungen gefangener SS-Leute bei der Befreiung des KZ Dachau, in: Wolfgang Benz/Barbara Distel (Hrsg.), Dachauer Hefte. Studien und Dokumente zur Geschichte der nationalsozialistischen Konzentrationslager, Gericht und Gerechtigkeit, Bd. 13, Dachau 1997, S. 27–55, hier S. 53.

Malmedy Case War Crimes Trial Book, 1946
University of Idaho, Moscow (Idaho)
Prachtbände wie dieser dienten den am Prozess-
geschehen Beteiligten als Erinnerungsstücke.
Malmedy Case War Crimes Trial Book, 1946
University of Idaho, Moscow (Idaho)
Luxury volumes like these were memorabilia
for those involved in a trial.
Biografie:
Burton French Ellis
Biography:
Burton French Ellis

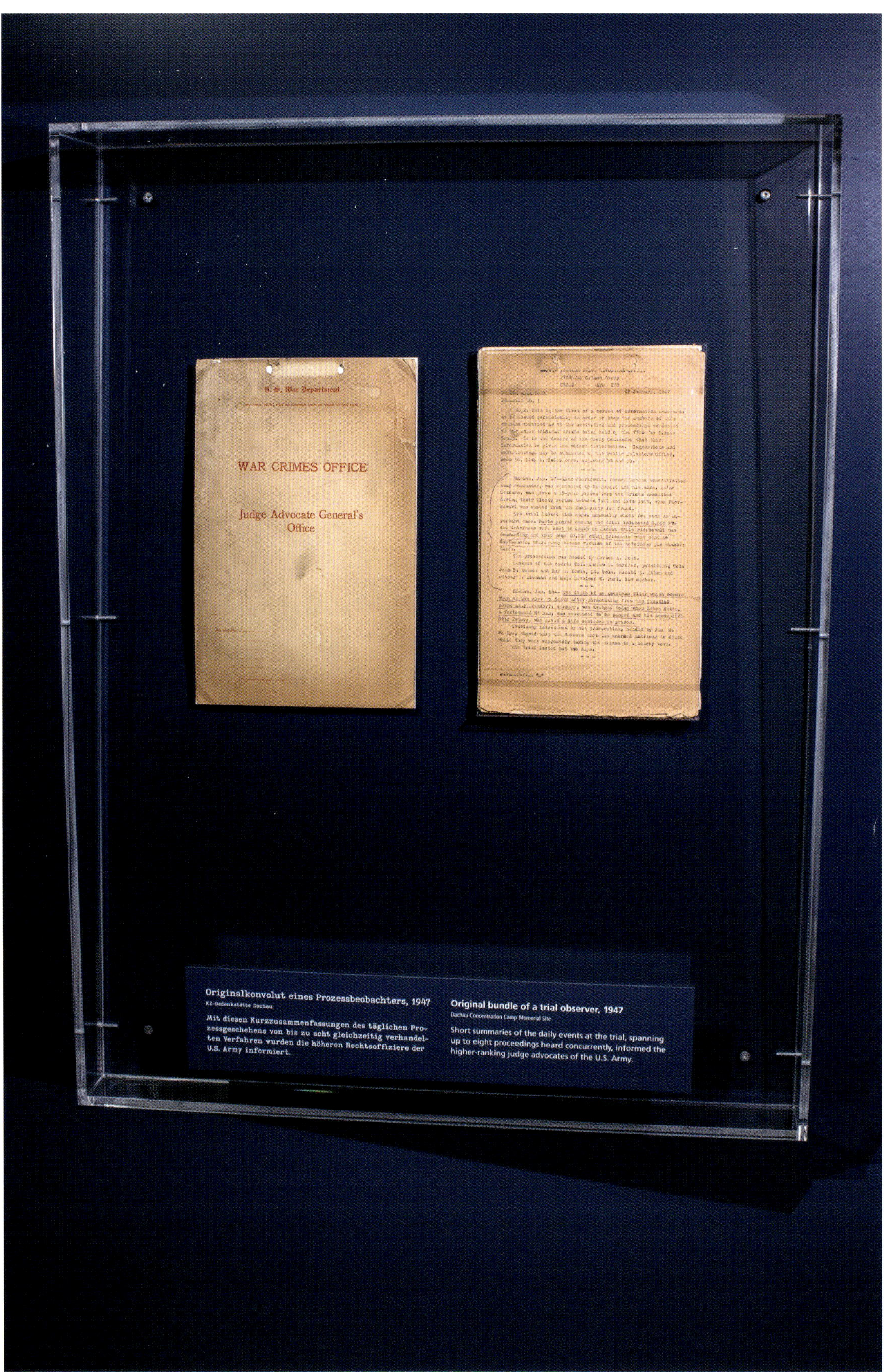
U. S. War Department
WAR CRIMES OFFICE
Judge Advocate General's Office
Originalkonvolut eines Prozessbeobachters, 1947
KZ-Gedenkstätte Dachau
Mit diesen Kurzzusammenfassungen des täglichen Prozessgeschehens von bis zu acht gleichzeitig verhandelten Verfahren wurden die höheren Rechtsoffiziere der U.S. Army informiert.
Original bundle of a trial observer, 1947
Dachau Concentration Camp Memorial Site
Short summaries of the daily events at the trial, spanning up to eight proceedings heard concurrently, informed the higher-ranking judge advocates of the U.S. Army.

Die Dachauer Prozesse im internationalen Kontext der strafrechtlichen Aufarbeitung von NS-Verbrechen durch die Alliierten

Dr. Wolfgang Form

Einführung

Die alliierte Strafverfolgung von NS-Verbrechen wurde bereits während des Zweiten Weltkrieges vorbereitet. Ab 1942 positionierte sich US-Präsident Franklin D. Roosevelt zur Bestrafung von Kriegsverbrechen:

> *„Ich erkläre, dass es die Absicht sowohl der amerikanischen Regierung wie der anderen verbündeten Nationen ist, dafür zu sorgen, dass, sobald der Sieg errungen ist, alle, die an diesen Verbrechen schuldig sind, vor Gericht zur Rechenschaft gezogen werden."*[1]

Anders als im Ersten Weltkrieg wurde dem Aggressor bereits während des Konflikts deutlich gemacht, dass Massengewalt gegen Zivilpersonen und Kombattanten nicht straflos bleiben würde. Dies war eine Reaktion auf die desaströse deutsche Strafverfolgung von Kriegsverbrechen in den 1920er-Jahren.[2]

Wie konnten Gerichtsverfahren mitten im Zweiten Weltkrieg überhaupt vorbereitet werden? Die USA planten (zusammen mit den anderen Alliierten) dreigleisig:

- Internationale Regelungen
- Vorbereitung eigener Strafprozesse
- Koordination mit anderen Staaten.

Die USA beanspruchten eine führende Rolle bei der Entwicklung des Völkerstrafrechts. In diesem Sinne agierte Chefankläger Robert H. Jackson im Auftrag der US-Regierung federführend bei der Vorbereitung des Internationalen Militärtribunals gegen die Hauptkriegsverbrecher in Nürnberg (IMT).[3] Größere Anstrengungen betrafen auch die eigene Strafverfolgung. Sie entwickelte sich im Schatten des IMT zweigleisig: US-Militärgerichtsverfahren in Dachau und an anderen Orten sowie die zwölf US-amerikanischen sogenannten Nürnberger Nachfolgeprozesse.[4]

Was heute unter dem Label „Dachauer Prozesse" bekannt ist, fand nicht nur auf dem Gelände des ehemaligen KZ Dachau statt. Diese Verfahren reihten sich in ein bis dato nie gekanntes Ahndungsprogramm der Alliierten weltweit ein, das nicht nur Europa, sondern auch den asiatisch-pazifischen Raum betraf. In einer engeren Betrachtung können nur die in Dachau durchgeführten Prozesse unter diesem Label subsumiert werden. Weitet man den

1 Franklin D. Roosevelt, Amerika und Deutschland 1936–1945. Auszüge aus Reden und Dokumenten, im Auftrag der Regierung der Vereinigten Staaten (Hrsg.), o. O., o. D., S. 73.

2 Vgl. u. a. Hankel, Leipziger Prozesse; Walter Schwengler, Völkerrecht, Versailler Vertrag und Auslieferungsfrage. Die Strafverfolgung wegen Kriegsverbrechen als Problem des Friedensschlusses 1919/20 (Beiträge zur Militär- und Kriegsgeschichte, Bd. 24), Stuttgart 1982; Wolfgang Form, Deutschland, die Alliierten und die Ahndung von Kriegsverbrechen nach dem Ersten Weltkrieg, in: Gilbert Gornig/Adrianna Michel (Hrsg.), Der Erste Weltkrieg und seine Folgen für das Zusammenleben der Völker in Mittel- und Ostmitteleuropa, Teil 1 (Staats- und völkerrechtliche Abhandlungen der Studiengruppe für Politik und Völkerrecht, Bd. 32), Berlin 2017, S. 181–213; Paul Mevis, „Hang the Kaiser!": Prozessmöglichkeiten und rechtliche Verantwortung nach Artikel 227 und Artikel 228 des Versailler Vertrags, in: Gornig/Michel (Hrsg.), Der Erste Weltkrieg, S. 215–237.

3 Vgl. National Archives and Records Administration, Record Group 107: Records of the Office of the Secretary of War, Series: Top Secret Correspondence, Box 5, German War Crimes, Schreiben des War Department an Robert Jackson, 25. 6. 1945.

4 Vgl. Kim C. Priemel/Alexa Stiller (Hrsg.), NMT. Die Nürnberger Militärtribunale zwischen Geschichte, Gerechtigkeit und Rechtsschöpfung, Hamburg 2013; Nuernberg Military Tribunals (Hrsg.), Trials of War Criminals before the Nuernberg Military Tribunals under Control Council Law No. 10. Nuernberg October 1946–April 1949, Bd. 1–15, Washington, D.C. 1949–53.

Blick auf andere Prozesse gegen NS-Täterinnen und -Täter im deutschsprachigen Raum aus, kommen zusätzliche Verhandlungen in Deutschland[5] und Österreich[6] in den Fokus. Im weitesten Zuschnitt würden Prozesse in Italien gegen Deutsche[7] und Italiener ebenfalls eingeschlossen.

Tabelle 1:
Verfahren durch US-Militärjustizbehörden in Europa, 1945–48

14	Salzburg
2	Ahrweiler
1	Augsburg
1	Darmstadt
395	Dachau
1	Düren
1	Freising
4	Heidelberg
38	Ludwigsburg
3	München
1	Wiesbaden
4	Firenze (Florenz)
3	Livorno
2	Napoli (Neapel)
1	Roma (Rom)

Quelle: eigene Berechnung

Rechtsgrundlagen

Spätestens durch den Angriffskrieg gegen die Sowjetunion wurde offenkundig, dass Deutschland die einschlägigen internationalen Abkommen (Haager Landkriegsordnung von 1899/1907 sowie die Genfer Abkommen zur Behandlung von Kriegsgefangenen von 1929) nicht beachtete. Als unmissverständliche Antwort darauf beschlossen die Alliierten – und hier federführend die Exilregierungen der von Deutschland besetzten Staaten Europas –, gemeinsame Anstrengungen bei der Ahndung deutscher Kriegsverbrechen zu unternehmen.[8] Im Januar 1942 traf man sich im Londoner St. James Palace,[9] um ein gemeinsames Vorgehen zu skizzieren. Schließlich begannen die Alliierten 1943, den Aufbau eines weltweiten Ahndungsprogramms (gegen Deutschland, Japan und deren Verbündete) zu koordinieren:

1. In der Moskauer Deklaration (30. Oktober 1943)[10] wurde festgelegt, dass Kriegsverbrechen in den Ländern verfolgt werden sollten, wo sie begangen worden waren.

2. Am 20. Oktober 1943 wurde die United Nations War Crimes Commission (UNWCC) eingerichtet,[11] die die praktische Umsetzung der Ahndung von Kriegsverbrechen vorbereiten und koordinieren sollte.

Rückblickend auf ein Jahr ihrer Arbeit stellte die UNWCC am 19. September 1944 fest:

5 Vgl. Wolfgang Form, Die Ahndung von Kriegs- und NS-Verbrechen in den westlichen Besatzungszonen Deutschlands nach dem Zweiten Weltkrieg, in: KZ-Gedenkstätte Neuengamme (Hrsg.), Alliierte Prozesse, S. 12–27, hier S. 20 f. Die zwölf US-Nachfolgeprozesse bleiben unbeachtet, da sie einer anderen Rechtsgrundlage unterlagen.

6 Vgl. Manfried Rauchensteiner, Der Sonderfall. Die Besatzungszeit in Österreich 1945 bis 1955, ND Graz 1995; Peter Fritz, Das alliierte Kontrollsystem in Österreich, in: Stefan Karner/Gottfried Stangler (Hrsg.), Der österreichische Staatsvertrag 1955. Beitragsband zur Ausstellung auf Schloss Schallaburg 2005 (Katalog des Niederösterreichischen Landesmuseums, N. F. 457), Wien 2005, S. 88–94.

7 Gemeint sind alle Reichs- und Volksdeutschen während der NS-Zeit. Darunter fielen auch Österreicherinnen und Österreicher.

8 Vgl. The National Archives, Record: WO – Records created or inherited by the War Office, Armed Forces, Judge Advocate General, and related bodies, Division: WO 204 – War Office: Allied Forces Mediterranean Theatre: Military Headquarters Papers, Second World War, Subseries: G5-Policy and Control Division, Reference WO 204/2190: War crimes and criminals: policy, Rede des britischen Lord Chancellor Lord Simon vor dem House of Lords, 7.10.1942.

9 Vgl. Erklärung von St. James, 13.1.1942, https://www.jewishvirtuallibrary.org/the-declaration-of-st-james-s-palace-on-punishment-for-war-crimes.

10 Vgl. Moskauer Deklaration, 30.10.1943, https://www.ibiblio.org/pha/policy/1943/431000a.html; Gerd R. Ueberschär, Ausgewählte Dokumente und Übersichten zu den alliierten Nachkriegsprozessen, in: Ueberschär (Hrsg.), Nationalsozialismus, S. 277–302, hier S. 287 f.

11 Vgl. United Nations War Crimes Commission (Hrsg.), History of the United Nations War Crimes Commission and the Development of the Laws of War, London 1948.

„Die der Kommission übertragenen Aufgaben [...] umfassen Untersuchungen von Kriegsverbrechen, die gegen die Vereinten Nationen begangen wurden. Sie hat Beweise zu prüfen und [in] Fällen, in denen solche Verbrechen begangen worden zu sein scheinen, die Täter den Regierungen zu melden, damit ihre Auslieferung durch die Achsenmächte erzwungen werden kann. [...] Sie beschloss, davon auszugehen, dass das Völkerrecht jeden Verstoß gegen die Gesetze und Gebräuche des Krieges als Kriegsverbrechen ansieht und dass aus diesem Grund das Recht der Vereinten Nationen nicht in Frage gestellt werden kann, jeden potenziellen Täter, der ihnen in die Hände fällt, und unabhängig davon, an welchem Ort das Verbrechen begangen wurde, als Kriegsverbrecher vor Gericht zu stellen [...].“[12]

Noch vor Kriegsende kommunizierten das Vereinigte Königreich und die USA Standards einer Ahndungspolitik für Kriegsverbrechen. Die USA stellten die Überlegungen in der Directive CCS 551 zu Military Government in Germany Prior to Defeat or Surrender (17. April 1944),[13] einem Vorläufer der Regelungen für die Dachauer Prozesse, zusammen. Alle Verdächtigten, darunter auch hochrangige Staatsbeamte, sollten verhaftet und zur Rechenschaft gezogen werden. Die international abgestimmte Vorgehensweise mündete schließlich in die für die alliierten Befreiungsoperationen in der Normandie 1944 geltenden Übergangsregelungen, der Direktive 119 zur Errichtung einer Militärverwaltung in Deutschland.[14] Sie ermöglichte die Eröffnung von Militärgerichten zur Aufrechterhaltung der öffentlichen Sicherheit und zu allen anderen notwendigen Zwecken. Schließlich fasste der Oberbefehlshaber der alliierten Truppen für das European Theater, US-General Dwight D. Eisenhower, mit Wirkung vom 18. September 1944 alle bisherigen Initiativen in seiner Ordinance No. 2 zusammen.[15] Sie regelte die Einrichtung, den Aufbau und die Befugnisse der Gerichte der künftigen alliierten Militärregierungen – den sogenannten Military Government Courts. MGCs waren zuständig für die Ahndung von Kriegsverbrechen sowie von Verstößen gegen Anordnungen der alliierten Streitkräfte und unterschieden sich nur in ihrer personellen Zusammensetzung und hinsichtlich der maximal zu verhängenden Urteilshöhe. Diese Gerichtsstruktur wurde für das Gros der Dachauer Prozesse maßgeblich.[16]

Tabelle 2:
Struktur der amerikanischen Militärgerichtsbarkeit

Military Government Courts	Besetzung	Erlaubtes Strafmaß
Summary Military Courts	Mindestens ein Richter	bis zu einem Jahr Freiheitsentzug; Geldstrafe bis zu 1000 US$
Intermediate Military Courts	Mindestens ein Richter	bis zu zehn Jahren Freiheitsentzug; Geldstrafe bis 10 000 US$
General Military Courts	Mindestens drei Richter	alle Sanktionen (auch die Todesstrafe)

Die Zuständigkeit der MGCs für die Ahndung von NS-Kriegsverbrechen wurde von den Verteidigern des ersten Dachauer Konzentrationslagerprozesses angezweifelt. Die Richter stellten demgegenüber unmissverständlich klar, dass

12 NARA, Record Group 238: National Archives Collection of World War II War Crimes Records, 1933–1949, Entry 52Q, Box 1, Folder 6, Progress Report adopted by the Commision on 19th September 1944 [Übers. d. Verf.].

13 Vgl. NARA, Record Group 107: Records of the Office of the Secretary of War, Series: Top Secret Correspondence, Box 5, Treatment of Germany, Directive for Military Government in Germany Prior to Defeat or Surrender, 17.4.1944.

14 Vgl. NARA, Record Group 107: Records of the Office of the Secretary of War, Series: Top Secret Correspondence, Box 5, Treatment of Germany, Post Surrender Directive for Military Government in Germany, 15.8.1944.

15 Vgl. Military Government Germany (Hrsg.), Military Government Gazette Germany. Twelfth Army Group Area of Control, No. 1 = Amtsblatt der Militärregierung Deutschland. Kontroll-Gebiet der zwölften Armeegruppe, Hannover o. D., S. 7 ff.; United Nations War Crimes Commission (Hrsg.), Law Reports of Trials of War Criminals, Bd. 11, London 1947, S. 10; Ordinance No. 2, in: Military Government Germany (Hrsg.), Military Government Germany. Supreme Commander's Area of Control. Proclamation, Laws, Ordinances and Notices. Directives and Instructions to German Police, o. O. 1944, S. 37 ff.

16 Vgl. Artikel I, II, Ordinance No. 2, in: Military Government Germany (Hrsg.), Military Government Germany, S. 37.

> „[...] *die Zuständigkeit des Gerichts* [...] *in diesem Fall – wie in allen Konzentrationslagerprozessen, die vor solchen Gerichten verhandelt werden – auf Artikel 2 der Ordinance No. 2 der Regierung der Vereinigten Staaten von Amerika in Deutschland gestützt werden* [kann], *der den Gerichten der Militärregierung die Zuständigkeit für alle Vergehen gegen die Gesetze und Gebräuche des Krieges verleiht.*"[17]

Allerdings war – nicht nur in den USA – die Abhaltung von Gerichtsprozessen umstritten. Es gab durchaus Stimmen, die eher für einen „kurzen Prozess" ohne Gerichtsverfahren plädierten.[18] Dass diese Strömungen sich nicht durchsetzen konnten, belegen die vielen Hunderte Dachauer Prozesse und alle anderen alliierten Strafprozesse, die bis in die 1950er-Jahre stattfanden.

Auch in den anderen westlichen Besatzungszonen wurden Militärgerichte nach alliiertem (US-amerikanischem) Vorbild, jedoch in unterschiedlicher Funktion, eingerichtet. Frankreich orientierte sich bis September 1948 strukturell an dem skizzierten Modell,[19] danach wurde die zivile französische Gerichtsstruktur adaptiert. Für die britische Zone ergibt sich ein anderer Befund. Hier wurde die Ordinance No. 2 nicht für Kriegsverbrechen vorgeschrieben,[20] sondern für die Ahndung von Verbrechen gegen die Menschlichkeit und Verstößen gegen Anordnungen der britischen Militärverwaltung.[21]

Die Prozesse[22]

Unabhängig davon, wie viele Verfahren den Dachauer Prozessen zugerechnet werden (siehe oben), wurde das Gros auf dem Gelände des ehemaligen KZ Dachau durchgeführt. Ob es einen direkten Austausch mit der Anklagebehörde im asiatisch-pazifischen Raum gab, gilt in der Forschung als unsicher.[23] Beide Dienststellen wurden mit Informationen des US War Department versorgt und hatten zudem bis Herbst 1945 die gleiche Gerichtsorganisation (Military Commissions). International wurden sie mit großer Aufmerksamkeit verfolgt. Ein Beleg dafür ist ihre Dokumentation in den Law Reports of Trials of War Criminals der UNWCC.[24] Unter den 89 Urteilen sind 27 US-amerikanische zu finden. Bei zwölf davon handelte es sich (in einem weiten Verständnis) um Dachauer Prozesse (siehe Tabelle unten) – neben acht Nürnberger Nachfolgeprozessen sowie sieben Verfahren gegen Japaner.[25]

Die US-Prozesse begannen bereits vor Kriegsende am 7. April 1945.[26] Das an diesem Tag abgehaltene Verfahren gegen Curt Bruns ist insoweit bemerkenswert, als die Opfer US-Soldaten mit einem deutschen Migrations(Exil)-Hintergrund[27] waren. Bruns hatte Kurt R. Jacobs und Murray Zappler erschossen, weil, wie er äußerte, Juden kein Recht hätten, in Deutschland zu leben.[28] Der Mord

17 UNWCC (Hrsg.), Law Reports, Bd. 11, S. 10 [Übers. d. Verf.]; zu den Verfahrensunterlagen vgl. NARA, M-1174, Case 000-50-2, US vs. Martin Gottfried Weiss et al.; vgl. ferner Sigel, Interesse; Lessing, Dachauer Prozess.

18 Vgl. NARA, Record Group 107: Records of the Office of the Secretary of War, Series: Top Secret Correspondence, Box 5, Treatment of Germany, Memorandum vom 24.8.1944.

19 Vgl. Journal officiel de la République française. Lois et décrets [1946], Nr. 4; Journal officiel. Lois et décrets [1947], Nr. 86; Yveline Pendaries, Les procès de Rastatt (1946–1954). Le jugement des crimes de guerre en zone française d'occupation en Allemagne, Bern et al. 1995; Form, Ahndung, S. 19.

20 Stattdessen wurde hier der Royal Warrant vom 18.6.1945 vorgeschrieben, vgl. UNWCC (Hrsg.), History, S. 216; Katrin Hassel, Kriegsverbrechen vor Gericht. Die Kriegsverbrecherprozesse vor Militärgerichten in der britischen Zone unter dem Royal Warrant vom 18. Juni 1945 (1945–1949) (Studien zur Geschichte des Völkerrechts, Bd. 19), Baden-Baden 2009.

21 Vgl. Christian Pöpken, Vergangenheitspolitik durch Strafrecht. Der Oberste Gerichtshof der Britischen Zone und die Ahndung von Verbrechen gegen die Menschlichkeit (Historische Grundlagen der Moderne, Bd. 19, Historische Demokratieforschung), Baden-Baden 2021, S. 77ff., 125ff.

22 Es gab 1943 bereits Prozesse in der Sowjetunion und 1944 in Frankreich; vornehmlich in Toulon und Bordeaux, vgl. Dépôt Central d'Archives de la Justice Militaire, Tribunal militaire de la 9ème division d'infanterie colonial, No 88/1944, Prozess gegen Joseph Dornhardt et al., 31.8.–1.9.1944 in Toulon.

23 In der ersten Hälfte des Jahres 1945 gab es bereits US-Verfahren auf Guam, vgl. NARA, Film C-72, Rolle 1.

24 Vgl. UNWCC (Hrsg.), Law Reports, Bd. 1–14, London 1947–49.

25 In den UNWCC (Hrsg.), Law Reports (1947–49) wurden außerdem Fälle folgender Staaten publiziert: Australien (5), China (1), Frankreich (11), Kanada (1), Niederlande (7), Norwegen (5), Polen (4), Vereinigtes Königreich (28).

26 Vgl. NARA, Record Group 549: Records of United States Army, Europe, Series: War Crimes Trials Case Files, 1947–1958, Box 76, Case 6-56, US vs Curt Bruns, 7.4.1945 in Düren.

27 Gemeint sind z. B. Soldaten, die in den 1930er-Jahren aus Deutschland in die USA emigriert waren.

28 Vgl. NARA, Record Group 549: Records of United States Army, Europe, Series: War Crimes Trials Case Files, 1947–1958, Box 76,

Tabelle 3:
Dachauer Prozesse in den Law Reports of Trials of War Criminals des UNWCC

Ldf. Nr.	Band	Seite	Fall	
4	1	46–54	The Hadamar Trial	Military Commission, Wiesbaden, Germany, 8.–15. Oktober 1945.
14	3	56–59	Gunther Thiele und Georg Steinert	Military Commission, Augsburg, 13. Juni 1945.
15	3	60f.	Peter Back	Military Commission, Ahrweiler, 16. Juni, 1945.
16	3	62–64	Albert Bury und Wilhelm Hafner	Military Commission, Freising, 15. Juli 1945.
17 u. 18	3	65f.	Anton Schosser sowie Josef Goldbrunner und Alfons Jakob Wilm	Military Commission, Dachau, 14.–15. September und 17. September 1945.
56	9	90–94	Otto Skorzeny und andere	General Military Court, Dachau, 18. August–9. September 1947.
60	11	5–17	Martin Gottfried Weiss und 39 andere	General Military Court, Dachau, 15. November–13. Dezember 1945.
80	13	146–148	Heinz Hagendorf	Intermediate Military Court, Dachau, 8.–9. August 1946.
81	13	149f.	Erich Weiss und Wilhelm Mundo	General Military Court, Ludwigsburg, 9.–10. November 1945.
82	13	151f.	Max Schmid	General Military Court, Dachau, 19. Mai 1947.
87	14	86–88	Josef Hangobl	General Military Court, Dachau, 17.–18. Oktober 1945.

geschah um den 20. Dezember 1944 herum in der Nähe von Bleialf an der belgisch-deutschen Grenze.

Angeklagt wurden nicht nur Militärs. Im Juni 1945 standen in US-Prozessen auch Zivilpersonen vor Gericht.[29] In zwei Verfahren wurden vier Männer beschuldigt, Besatzungsmitglieder eines abgestürzten US-Flugzeuges umgebracht zu haben.[30] Für die UNWCC war dieser Verfahrenskomplex offenbar von besonderer Bedeutung, denn sonst wäre er nicht als der erste sogenannte „Fliegerprozess" in die Urteilssammlung aufgenommen worden.[31] Da nach dem Ende des Krieges viele Flugzeugbesatzungen als verschollen galten, gab es umfängliche Ermittlungen zu ihrem Verbleib. In einigen Hundert Fällen ermittelte das US-Militär und klagte Deutsche und Österreicherinnen bzw. Österreicher an. Diese Prozesse standen für einen erheblichen Teil der britischen[32] und US-amerikanischen Kriegsverbrecherpolitik. Mindestens 209 solcher Fälle finden sich in den Dachauer Prozessen.[33]

Case 6-56, US vs Curt Bruns, Bericht vom 23.7.1946. Bruns wurde am 9.6.1945 hingerichtet.

29 Vgl. NARA, Record Group 549: Records of United States Army, Europe, Series: War Crimes Trials Case Files, 1947–1958, Box 241, Case 12-2422, US vs Peter Kohn et al., 1.–2.6.1945 in Ahrweiler.

30 Vgl. NARA, Record Group 549: Records of United States Army, Europe, Series: War Crimes Trials Case Files, 1947–1958, Box 241, Case 12-2422-1, US vs Peter Back, 16.6.1945 in Ahrweiler; UNWCC (Hrsg.), Law Reports, Bd. 3, London 1948, S. 60f.

31 Vgl. Georg Hoffmann, Fliegerlynchjustiz. Gewalt gegen abgeschossene alliierte Flugzeugbesatzungen 1943–1945 (Krieg in der Geschichte, Bd. 88), Paderborn 2015; Kevin T. Hall, Downed American Flyers: Forgotten Casualties of Axis Atrocities in World War II., in: Journal of Perpetrator Research 4 (2021), S. 192–221.

32 Es gab mindestens 95 Fälle vor britischen Militärgerichten in Deutschland; vgl. eigene Berechnungen in der Datenbank War Crimes Trials des Internationalen Forschungs- und Dokumentationszentrums Kriegsverbrecherprozesse (ICWC) in Marburg (Stand Februar 2022). Z.B. gegen Georg Hartleb et al., 13.–17.5.1946, TNA, Record: WO – Records created or inherited by the War Office, Armed Forces, Judge Advocate General, and related bodies, Division: WO 235 – Judge Advocate General's Office: War Crimes Case Files, Second World War, Reference: WO 235/183, Case No. 153 (Dirmstein Case); Hans Kuehn et al., 20.–30.5.1947, TNA, Record: WO – Records created or inherited by the War Office, Armed Forces, Judge Advocate General, and related bodies, Division: WO 235 – Judge Advocate General's Office: War Crimes Case Files, Second World War, Reference: WO 235/351-353, Case No. 248 (Solingen Case).

33 Vgl. eigene Berechnungen in der Datenbank War Crimes Trials des ICWC (Stand Februar 2022).

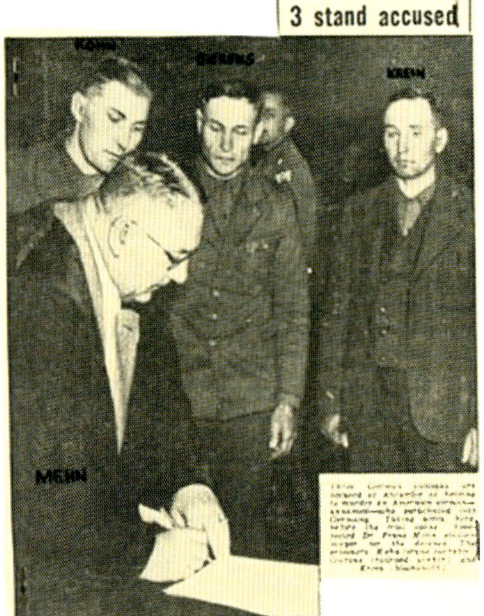

US-Militärprozess. Zeitungsausschnitt zum Prozess gegen Peter Kohn u. a. in Ahrweiler vom 1.–2. 6. 1945

National Archives and Records Administration, Washington D.C.

Regelmäßig wurden abgeschossene Flugzeugbesatzungen vom NS-Regime als Kriminelle, Spione oder gar Terroristen bezeichnet. Am 10. August 1943 stellte der Reichsführer-SS Heinrich Himmler in einem Rundschreiben klar:

> *„Es ist nicht die Aufgabe der Polizei, sich in Auseinandersetzungen zwischen deutschen Volksgenossen und abgesprungenen englischen und amerikanischen Terrorfliegern einzumischen."*[34]

Für das Frühjahr 1944 sind Anweisungen bekannt, laut denen alliierte Besatzungen, die Widerstand leisteten oder Zivilkleidung unter ihren Uniformen trugen, bei ihrer Festnahme zu erschießen waren und die deutsche Zivilbevölkerung bei „falsch verstandenem Mitleid gegenüber feindlichen Fliegern"[35] in Schutzhaft genommen werden sollten.

Ein weiterer US-Prozess fand am 13. Juni 1945 in Augsburg statt. Wie schon zuvor in Düren ging es um die Tötung eines Kriegsgefangenen. Allerdings waren die Angeklagten in unterschiedlicher Weise am Tatgeschehen beteiligt gewesen. Ihnen wurde vorgeworfen, gegen Artikel 2 der Genfer Konvention von 1929[36] sowie Artikel 23 (c) der Haager Landkriegsordnung von 1907[37] verstoßen zu haben.

Auf Befehl von Oberleutnant Gunther Thiele hatte sein Untergebener Georg Steinert einen US-Kriegsgefangenen getötet. Es handelte sich demnach um die Befolgung einer Befehlskette, mit einem Offizier an der Spitze und einem Soldaten am ausführenden Ende der Tathandlung. Die internationale Bedeutung des Falls belegt seine ausführliche Darstellung in den UNWCC Law Reports.[38] Erstmals in einem US-Kriegsverbrecherprozess nach dem Zweiten Weltkrieg in Deutschland wurde Vorgesetztenverantwortlichkeit (Command Responsibility)[39] behandelt – vier Monate vor dem weltweit bedeutsamen Prozess gegen den japanischen General Yamashita Tomoyuki in Manila (Philippinen).[40]

1997 bezog sich der Internationale Strafgerichtshof für das ehemalige Jugoslawien (ICTY) auf den ebenfalls in

34 Dokument 110-R, Anordnung von Reichsfüher SS, Heinrich Himmler an alle Höheren SS- und Polizeiführer, 10. 8. 1943, in: International Military Tribunal (Hrsg.), Trial of the Major War Criminals before the International Military Tribunal ("Blue Series"), Bd. 38, Nürnberg 1949, S. 314.

35 Dokument 3855-PS, Rundschreiben des Chefs der Sicherheitspolizei und des SD, 5. 4. 1944, in: IMT (Hrsg.), Trial of the Major War Criminals, Bd. 33, S. 245.

36 Vgl. Art. 2. Genfer Konvention, 27. 7. 1929, https://www.ris.bka.gv.at/GeltendeFassung.wxe?Abfrage=Bundesnormen&Gesetzesnummer=10000191: „[…] Sie müssen jederzeit mit Menschlichkeit behandelt und insbesondere gegen Gewalttätigkeiten, Beleidigungen und öffentliche Neugier geschützt werden. Vergeltungsmaßnahmen gegen sie sind untersagt."

37 Vgl. Art. 23 (c), Haager Landkriegsordnung von 1907, https://www.uni-marburg.de/de/icwc/zentrum/pdfs/hlko1907.pdf: „Abgesehen von den durch Sonderverträge aufgestellten Verboten, ist namentlich untersagt: […] c) die Tötung oder Verwundung eines die Waffen streckenden oder wehrlosen Feindes, der sich auf Gnade oder Ungnade ergeben hat."

38 Vgl. UNWCC (Hrsg.), Law Reports, Bd. 3, London 1948, S. 56–59.

39 Vgl. Boris Burghardt, Die Vorgesetztenverantwortlichkeit nach Völkerstrafrecht und deutschem Recht (§ 4 VStGB), in: Zeitschrift für Internationale Strafrechtsdogmatik 5 (2010) 11, S. 695–711.

40 Vgl. UNWCC (Hrsg.), Law Reports, Bd. 4, London 1948, S. 1–96; Frank A. Reel, The Case of General Yamashita, Chicago 1949; Yuma Totani, Justice in Asia and the Pacific Region, 1945–1952. Allied War Crimes Prosecutions, New York 2015.

Dachau verhandelten „Borkum Island Case".[41] Im August 1944 hatten Reichsarbeitsdienstleistende und Zivilpersonen auf der Insel Borkum die Besatzung eines dort abgestürzten US-Bombers verprügelt und getötet. Auf Anordnung des Ortskommandanten Kurt Goebell waren die Soldaten nicht direkt zur Kriegsgefangenenunterkunft gebracht worden, sondern in einem Spießrutenlaufen durch den Ort Borkum getrieben worden. Die Situation eskalierte, als ein deutscher Soldat mehrere Kriegsgefangene erschoss, ohne dass die zur Begleitung abkommandierte Wachmannschaft eingriff. Das amerikanische Militärgericht urteilte am 22. März 1946, der Kommandant wie die Wachmannschaften, die Zivilpersonen und der eigentliche Schütze hätten sich der gemeinsamen/gemeinschaftlichen Verletzung internationalen Kriegsrechts schuldig gemacht und gegen die Genfer Konventionen verstoßen. Goebell wurde wegen Vorgesetztenverantwortlichkeit zum Tode verurteilt, allerdings später begnadigt und im Februar 1956 aus dem Gefängnis in Landsberg am Lech entlassen.[42]

Eine weitere Rechtsfigur, die regelmäßig als Verteidigungsstrategie herangezogen wurde, war das „Handeln auf Befehl". In dem ebenfalls international beachteten Dachau-Prozess gegen Albert Bury u. a.[43] wurde ausdrücklich festgestellt, dass das „Handeln auf Befehl" kein Rechtfertigungsgrund für ein Kriegsverbrechen sei. Dabei wurde auf eine britische Entscheidung mit gleichem Tenor verwiesen.[44] Der Fall Bury ist auch deshalb bemerkenswert, da indirekt auf eine Entscheidung des Reichsgerichts in Leipzig von 1921 wegen Kriegsverbrechen im Ersten Weltkrieg Bezug genommen wurde. Dieses Gericht urteilte im Prozess gegen die Verantwortlichen für die Versenkung des Hospitalschiffs Llandovery Castle, dass die Befolgung eines Befehls dann strafbar sei, wenn „durch Ausführung [...] in Dienstsachen ein Strafgesetz verletzt wird".[45] Mit diesem Argumentationsmuster wiesen die Richter 1945 einen Strafausschluss wegen Handelns auf Befehl zurück und untermauerten so die zukünftige ständige Rechtsprechung im Rahmen der Dachauer Prozesse und darüber hinaus.

> *„Es ist klar, dass das Verhalten des Angeklagten im vorliegenden Fall nach den Gesetzen und Gebräuchen der Kriegsführung und ebenso nach den Grundsätzen des Strafrechts [...] rechtswidrig war."*[46]

Das international wohl bekannteste Dachauer Verfahren ist der Prozess gegen Martin Gottfried Weiss u. a. vom November/Dezember 1945. Insgesamt 40 Männer wurden wegen Kriegsverbrechen im KZ Dachau im Zeitraum vom Januar 1942 bis April 1945[47] angeklagt. Es fällt auf, dass keine Verbrechen vor diesem Zeitraum zur Verhandlung kamen. Dies ist der US-Doktrin geschuldet, Verbrechen erst ab dem Eintritt der USA in den Zweiten Weltkrieg zu ahnden, was in der Anklage mit dem Tatzeitraum [...] at war with the German Reich/ im Kriegszustand mit dem Deutschen Reich definiert wurde.[48]

Die USA erklärten Japan nach dem Angriff auf Pearl Harbor im Dezember 1941 den Krieg, woraufhin Deutschland als Verbündeter Japans seinerseits den USA den Krieg erklärte. Mit der Deklaration der Vereinten Nationen vom 1. Januar 1942 (Anti-Hitler-Koalition[49]) unter-

41 Vgl. International Criminal Tribunal for the former Yugoslavia (ICTY), IT-94-1-T, 7. 5. 1997, Prosecutor vs. Duško Tadić aka "DULE", Opinion and Judgement, https://www.icty.org/x/cases/tadic/tjug/en/tad-tsj70507JT2-e.pdf; NARA, Microfilm M-1103, Case 12-489, US vs Kurt Goebell et al., 6.–22. 2. 1946 in Ludwigsburg.

42 Vgl. NARA, Record Group 153: Records of the Office of the Judge Advocate General (Army), War Crimes Docket Ledger of the Dachau Program, 1947–1949, S. 7.

43 Vgl. NARA, Record Group 549: Records of United States Army, Europe, Series: War Crimes Trials Case Files, 1947–1958, Box 165, Case 12-1397, US vs Albert Bury et al.; UNWCC (Hrsg.), Law Reports, Bd. 3, London 1948, S. 62 ff.

44 Vgl. UNWCC (Hrsg.), Law Reports, Bd. 3, London 1948, S. 64, FN 2, S. 58, FN 1 mit Verweis auf UNWCC (Hrsg.), Law Reports, Bd. 1, London 1947, S 16 ff., 31 ff.; UNWCC (Hrsg.), Law Reports, Bd. 2, London 1947, S. 152.

45 Prozess gegen Ludwig Dithmar und John Boldt vom 16. 7. 1921, in: Deutsches Reich, Reichstag (Hrsg.), Verhandlungen des Reichstags. I. Wahlperiode 1920 (Anlagen zu den Stenographischen Berichten, Bd. 368), Berlin 1924, S. 2586.

46 UNWCC (Hrsg.), Law Reports, Bd. 3, London 1948, S. 64 [Übers. d. Verf.].

47 Vgl. Takuma Melber, Pearl Harbor. Japans Angriff und der Kriegseintritt der USA, München 2016.

48 Anklagepunkte 1 und 2, NARA, M-1217, Rolle 3, Case 000-50-2, US v Martin Gottfried Weiss et al., Review and Recommendations, März 1946.

49 Vgl. Deklaration der Vereinten Nationen, 1. 1. 1942, https://avalon.law.yale.edu/20th_century/decade03.asp.

stützten die USA die gemeinsamen Kriegsanstrengungen gegen Deutschland, Japan und ihre Verbündeten. Oftmals findet sich diese Begrenzung der Strafverfolgung auf den genannten Zeitraum in den Anklagen der Dachauer Prozesse.[50] Ausnahmen gab es z. B. dann, wenn es sich ausschließlich oder überwiegend um Opfergruppen aus Ländern anderer Verbündeter handelte. In diesen Fällen griff die sogenannte „universelle Strafverfolgung". Ein Beispiel ist das Verfahren gegen Josef Remmele vom 9. bis 15. September 1947.[51] Die Anklagepunkte 3 und 4 bezogen sich auf den Zeitraum vor 1942 und zudem ausschließlich auf Verbrechen gegen Opfer aus Ländern, die sich bereits im Krieg mit Deutschland befunden hatten. Die Anklagepunkte 1 und 2 hingegen betrafen Geschehnisse im KZ Dachau und dessen Außenlagern ab Januar 1942:

> *„Josef Remmele* [...] *hat an der Durchführung eines gemeinsamen Vorhabens* [Common Design, d. Verf.] *mitgewirkt, das den Zweck hatte, die weiter unten angeführten Straftaten zu begehen* [...]."[52]

Der Verweis auf ein Common Design[53] führt uns zurück zu dem Prozess gegen Martin Gottfried Weiß u. a. von Ende 1945.[54] Erstmals in US-Kriegsverbrecherprozessen wurde – in Anlehnung an das Delikt der Conspiracy (Verschwörung) – eine gemeinschaftliche kriminelle Tatbegehung in das sich entwickelnde Völkerstrafrecht eingeführt. Den Täterinnen und Tätern mussten nicht ihre einzelnen Tathandlungen nachgewiesen werden, vielmehr reichte es für die strafrechtliche Verantwortung aus, dass sie Teil eines verbrecherischen Unternehmens waren, an dem sie aktiv mitwirkten und von dessen verbrecherischem Charakter sie wussten. Auf das KZ Dachau bezogen bedeutete dies zweierlei:

(1) Es handelte sich nachweislich um ein verbrecherisches Gesamtgeschehen. Nachdem dies einmal festgestellt worden war, konnte in weiteren Prozessen darauf Bezug genommen werden (sogenannter Parent Case[55]). Das hatte immense strafprozessuale Vorteile, denn ein nochmaliger Nachweis in weiteren einschlägigen Verfahren brauchte nicht mehr erbracht zu werden.

(2) Wenn Personen Teil des gemeinsamen Planes und sich ihrer Mitwirkung bewusst waren, begründete dies strafrechtliche Konsequenzen. Das bedeutete: Befehlsnotstand (Handeln auf Befehl) war ausgeschlossen; als Teil des Systems war man für die Handlungen anderer im Rahmen des Common Design verantwortlich; Vorgesetzte konnten für Verbrechen von Untergebenen zur Verantwortung gezogen werden.

Das Rechtsinstrument Common Design findet sich bis heute als eine Ausprägung von Joint Criminal Enterprise[56] in der völkerstrafrechtlichen Praxis. Urteile internationaler Tribunale ab den 1990er-Jahren beziehen sich auf das mit den Dachauer Prozessen eingeführte Common Design.[57] Zudem wird dieses Rechtsinstrument (umschrieben als „mit einem gemeinsamen Ziel handelnde Personen") in Artikel 2 Abs. 3 lit. c des Übereinkommens zur Bekämpfung terroristischer Bombenanschläge herangezogen, das am 26. Januar 1998 von der Bundesrepublik Deutschland unterzeichnet wurde:

---

50 Solche Einschränkungen galten für andere Staaten nicht, z. B. für das Vereinigte Königreich oder Polen.

51 Vgl. NARA, Record Group 549: Records of United States Army, Europe, Series: War Crimes Trials Case Files, 1947–1958, Box 326, Case 000-50-2-110, US vs Josef Remmele.

52 NARA, Record Group 549: Records of United States Army, Europe, Series: War Crimes Trials Case Files, 1947–1958, Box 326, Case 000-50-2-110, US vs Josef Remmele, Anklageschrift, 7.7.1947, S. 1f.

53 Zum Begriff vgl. Bryant, Militärgerichtsprozesse, S. 111.

54 Vgl. Lessing, Dachauer Prozess.

55 Andere Parent Cases: Case 000-50-37, US v. Kurt Andrae et al. (Mittelbau-Dora-Hauptprozess); Case 000-50-5, US vs Hans Altfuldisch et al. (Mauthausen-Hauptprozess); Case 000-50-9, US v. Josias Prince zu Waldeck et al. (Buchenwald-Hauptprozess), Case 000-50-46, US vs. Friedrich Becker et al. (Flossenbürg-Hauptprozess).

56 Vgl. Verena Haan, Joint Criminal Enterprise. Die Entwicklung einer mittäterschaftlichen Zurechnungsfigur im Völkerstrafrecht (Schriften zum Völkerrecht, Bd. 179), Berlin 2008; Christoph Barthe, Joint Criminal Enterprise (JCE). Ein (originär) völkerstrafrechtliches Haftungsmodell mit Zukunft? (Schriften zum internationalen und ausländischen Strafrecht, Bd. 1), Berlin 2009.

57 Z. B. Internationaler Strafgerichtshof für das ehemalige Jugoslawien (ICTY): Duško Tadić (IT-94-1); Anto Furundžija (IT-95-17/1); Zdravko Mucić (IT-96-21); Milorad Krnojelac (IT-97-25); Miroslav Kvočka et al. (IT-98-30/1); Mitar Vasiljević (IT-98-32); Jadranko Prlić (IT-04-74); Vujadin Popović et al. (IT-05-88). Internationaler Strafgerichtshof für Ruanda (ICTR): Clément Kayishema et al. (ICTR-95-1); Elizaphan Ntakirutimana et al. (ICTR-96-17); André Ntagerura et al. (ICTR-99-46); Joseph Serugendo (ICTR-05-84).

> *„Eine Straftat begeht ferner, wer [...] auf andere Weise zur Begehung einer oder mehrerer [...] Straftaten durch eine Gruppe von mit einem gemeinsamen Ziel handelnden Personen beiträgt; ein derartiger Beitrag muss vorsätzlich sein und entweder zu dem Zweck, die allgemeine kriminelle Tätigkeit oder das Ziel der Gruppe zu fördern, oder in Kenntnis des Vorsatzes der Gruppe, die betreffende Straftat oder die betreffenden Straftaten zu begehen, geleistet werden."*[58]

Nicht zuletzt hat das Statut von Rom (Rechtsgrundlage des Internationalen Strafgerichtshofs) in Artikel 25 Abs. 3 lit. d Grundlagen der Dachauer Entscheidungen implementiert: Individuelle strafrechtliche Verantwortung liegt vor, wenn jemand

> *„auf sonstige Weise zur Begehung oder versuchten Begehung eines [...] der Rechtsprechung des Gerichtshofs unterliegenden Verbrechens durch eine mit einem gemeinsamen Ziel handelnde Gruppe von Personen beiträgt."*

Mit den Dachauer Prozessen begann eine neue Ära des Völkerstrafrechts. Neben vielen anderen Verfahren weltweit standen und stehen sie für den Beginn der Ahndung von Massenverbrechen in bewaffneten Konflikten. Allerdings folgte nach der verstärkten Verfolgung dieser Verbrechen nach dem Zweiten Weltkrieg eine über 40-jährige Abstinenz völkerstrafrechtlicher Rechtspraxis, die wohl in erster Linie dem Kalten Krieg geschuldet war. Sie endete erst mit den beiden Ad-hoc Tribunalen für das ehemalige Jugoslawien und Ruanda ab 1993/94. Einige wenige international Aufsehen erregende Prozesse gab es – so etwa in Israel gegen Adolf Eichmann[59] oder in Frankreich gegen Klaus Barbie[60] –, doch in ihnen wurden keine nach dem Ende des Zweiten Weltkrieges begangenen Kriegsverbrechen, Verbrechen gegen die Menschlichkeit oder Verbrechen der Aggression behandelt. Eine Ausnahme bildete das Volkstribunal in Kambodscha 1979[61] gegen die Spitze des Pol-Pot-Regimes, das jedoch international kaum Beachtung fand.

Mit der Ahndung von im Jugoslawienkrieg und in Ruanda Anfang der 1990er-Jahre begangenen Verbrechen, der Einrichtung von Sondertribunalen in Sierra Leone (2002)[62] und Osttimor (2002)[63] und schließlich mit dem Internationalen Strafgerichtshof in Den Haag (Juli 2002)[64] rückten Vorgehensweisen der Urteilsfindung aus Dachauer Prozessen wieder in den Fokus der nationalen und internationalen Jurisprudenz.

58 Internationales Übereinkommen zur Bekämpfung terroristischer Bombenanschläge, 26.1.1998, in: Bundesgesetzblatt II [2002], Nr. 38, S. 2507–2518, hier S. 2510.

59 Vgl. Hannah Arendt, Eichmann in Jerusalem. Ein Bericht von der Banalität des Bösen, Neuausgabe, München 1986.

60 Vgl. Holocaust Education & Archive Research Team, Klaus Barbie. The Butcher of Lyon, http://www.holocaustresearchproject.org/nazioccupation/barbie.html.

61 Vgl. A Group of Cambodian Jurists (Hrsg.), People's Revolutionary Tribunal held in Phnom Penh for the trial of the Genocide crime of the Pol Pot-Ieng Sary Clique (August – 1979), Phnom Penh 1988, https://archive.org/details/revtribunalpolpot/mode/2up.

62 Vgl. Website Residual Special Court for Sierra Leone (RSCSL), http://www.rscsl.org/.

63 Vgl. Website Tribunal de Recurso de Timor-Leste, https://www.tribunais.tl/.

64 Vgl. Website International Criminal Court (ICC), https://www.icc-cpi.int/.

Quellen

Archiv der KZ-Gedenkstätte Dachau

A 1007, Jüdische Häftlinge, Laurence Alfred, Bericht, "Dachau Overcome", 1971.

A 3675, Dachau-Prozess, Vernehmungsprotokolle des Hauptprozesses gegen Weiß u. a., Bd. 2.

A 6601, Bauten und Gelände, Bauhistorische Untersuchungen, SS-Übungslager, Schneiderei des SS-Lagers und Gerichtsgebäude, Bauuntersuchung und Befunddokumentation, April–Mai 2012.

Bestandsnr. 22.558, Alfred Edward Laurence (HN Lomnitz), Interview in der KZ-Gedenkstätte Dachau, 9. 4. 1986.

Arolsen Archives – International Center on Nazi Persecution, Bad Arolsen

ITS Digital Archive, Inhaftierungsdokumente, Lager und Ghettos, Konzentrationslager Dachau, Schreibstubenkarten Dachau, Schreibstubenkarten Dachau A–Z, Schreibstubenkarte von Alfred Lomnitz.

United States Holocaust Memorial Museum, Washington, D.C.

The Jeff and Toby Herr Oral History Archive, RG-50.030.0268, Interview mit William Denson, 25. 8. 1994, Transkript.

National Archives and Records Administration, Washington, D.C.

Record Group 107: Records of the Office of the Secretary of War, Series: Top Secret Correspondence, Box 5, German War Crimes, Schreiben des War Department an Robert Jackson, 25. 6. 1945.

Record Group 107: Records of the Office of the Secretary of War, Series: Top Secret Correspondence, Box 5, Treatment of Germany, Directive for Military Government in Germany Prior to Defeat or Surrender, 17. 4. 1944.

Record Group 107: Records of the Office of the Secretary of War, Series: Top Secret Correspondence, Box 5, Treatment of Germany, Post Surrender Directive for Military Government in Germany, 15. 8. 1944.

Record Group 107: Records of the Office of the Secretary of War, Series: Top Secret Correspondence, Box 5, Treatment of Germany, Memorandum vom 24. 8. 1944.

Record Group 153: Records of the Office of the Judge Advocate General (Army), War Crimes Docket Ledger of the Dachau Program, 1947–1949.

Record Group 238: National Archives Collection of World War II War Crimes Records, 1933–1949, Entry 52Q, Box 1, Folder 6, Progress Report adopted by the Commision on 19th September 1944.

Record Group 549: Records of United States Army, Europe, Series: War Crimes Trials Case Files, 1947–1958, Box 241, Case 12-2422, US vs Peter Kohn et al., 1.–2. 6. 1945 in Ahrweiler.

Record Group 549: Records of United States Army, Europe, Series: War Crimes Trials Case Files, 1947–1958, Box 241, Case 12-2422-1, US vs Peter Back, 16. 6. 1945 in Ahrweiler.

Record Group 549: Records of United States Army, Europe, Series: War Crimes Trials Case Files, 1947–1958, Box 76, Case 6-56, US vs Curt Bruns, 7. 4. 1945 in Düren.

Record Group 549: Records of United States Army, Europe, Series: War Crimes Trials Case Files, 1947–1958, Box 326, Case 000-50-2-110, US vs Josef Remmele.

Record Group 549: Records of United States Army, Europe, Series: War Crimes Trials Case Files, 1947–1958, Box 165, Case 12-1397, US vs Albert Bury et al.

Mikrofilm

M-1174, Case 000-50-2, US vs. Martin Gottfried Weiss et al.

M-1103, Case 12-489, US vs Kurt Goebell et al., 6.–22. 2. 1946 in Ludwigsburg.

M-1217, Rolle 3, Case 000-50-2, US v Martin Gottfried Weiss et al., Review and Recommendations, März 1946.
Film C-72, Rolle 1.

The National Archives, London

Record: WO – Records created or inherited by the War Office, Armed Forces, Judge Advocate General, and related bodies, Division: WO 204 – War Office: Allied Forces Mediterranean Theatre: Military Headquarters Papers, Second World War, Subseries: G5-Policy and Control Division, Reference WO 204/2190: War crimes and criminals: policy, Rede des britischen Lord Chancellor Lord Simon vor dem House of Lords, 7.10.1942.
Record: WO – Records created or inherited by the War Office, Armed Forces, Judge Advocate General, and related bodies, Division: WO 235 – Judge Advocate General's Office: War Crimes Case Files, Second World War, Reference: WO 235/183, Case No. 153 (Dirmstein Case).
Record: WO – Records created or inherited by the War Office, Armed Forces, Judge Advocate General, and related bodies, Division: WO 235 – Judge Advocate General's Office: War Crimes Case Files, Second World War, Reference: WO 235/351-353, Case No. 248 (Solingen Case).

Hessisches Hauptstaatsarchiv, Wiesbaden

Abt. 461, Nr. 37638/1-456, Strafsache gegen Robert Mulka et al.

Niedersächsisches Landesarchiv, Abteilung Oldenburg

Generalstaatsanwaltschaft Oldenburg, 140-4, Nr. 882, Acc. 13/79 Nr. 178, Oldenburg 9 Js 56/49.

Bayerisches Hauptstaatsarchiv, München

Sonderministerium, Bd. 134, Bayerisches Staatsministerium des Innern, Staatskommissariat für rassisch, religiös und politisch Verfolgte, Dr. Philipp Auerbach, Aufruf „Für eine gerechte Sühne", 19.2.1947.

Staatsarchiv München

Generalstaatsanw. OLG München 1222, Traunstein 1a Js 429a-t/60.
Staatsanw. 17445, München I 1 Js 1057/51 = Da 12 Js 1975/48 = 1 Ks 10/50.
Staatsanw. 34397, München II Da 12 Js 265/59 = München II 2 Ks 8/61.
Staatsanw. 34402, München II Da 8 Js 1/47 = KLs 42/47.
Staatsanw. 34442, München II Da 12 Js 540/49.
Staatsanw. 34461/1-6.
Staatsanw. 34462/1-14, Da 12 Js 277/48 = Gen Ks 9, 10/51.
Staatsanw. 34464/1-4.
Staatsanw. 34526, München II Da 12 Js 600/58.
Staatsanw. 34570/1-6, München II Da 12 Js 608/54 = München II 2 Ks 2/60.
Staatsanw. 34588/1-11, München II Da 12 Js 75/56 = 2 Ks 7/60.
Staatsanw. 34590/1-9.
Staatsanw. 34799, München II 14 Js 16280/76 = München I 320 Js 13506/76.
Staatsanw. 34836/1-6, München I 119 b Js 10-11/71.
Staatsanw. 34866/1-33, München II 12 Js 15/70 = 12 Ks 1/72.
Staatsanw. 34867-34873, München II Da 12 Js 315/53 = 12 Ks 13/54.
Staatsanw. 34875/1-18, München II 13 Js 12/68 (frühere Aktenzeichen Da 12 Js 672/58; 12 Js 23/70; München I 119 f Js 1-3/71).
Staatsanw. 34875/4, München II 10a Js 147/60.
Staatsanw. 7014, München II Da 12 Js 1649/48 = 12 Ks 5/51.
Staatsanw. 7014: Film S 2668.

Staatsarchiv Würzburg

Staatsanw. Würzburg 673, Würzburg 1 Js 133/48 = Würzburg KLs 14/49.

Staatsarchiv Augsburg

Staatsanw. Augsburg 4 KLs 18/48, Augsburg 4 Js 3091/47.
Staatsanw. Augsburg Ks 1/50, Augsburg 4 Js 528/49 (früher Bamberg 7 Js 12/49).
Staatsanw. Augsburg Ks 22/50.

Staatsarchiv Nürnberg

Generalstaatsanwaltschaft beim OLG Nürnberg 315.

Staatsarchiv Ludwigsburg

EL 317 III Nr. 1236-1363, Stuttgart 16 Js 326/62 = Hechingen Ks 18/63.

Hauptstaatsarchiv Düsseldorf, Zweigarchiv Schloss Kalkum [seit 2014: Landesarchiv Nordrhein-Westfalen, Abteilung Rheinland, Duisburg]

Gerichte Rep. 432/1-478, Köln (Z) 130 (24) Js 200/62 (Z) = Düsseldorf UR I 4/71 = Düsseldorf 8 Ks 1/75.

Dépôt Central d'Archives de la Justice Militaire, Le Blanc

Tribunal militaire de la 9ème division d'infanterie colonial, No 88/1944, Prozess gegen Joseph Dornhardt et al., 31. 8.–1. 9. 1944 in Toulon.

Archives de l'Occupation Française en Allemagne et en Autriche, Colmar

AJ 1616, p. 804, Dossier 600.

Privatbesitz

Archive of Alfred E. Laurence

Ordner 20, AEL Black Folder, Personal History Statement, 10. 4. 1949.

Institut für Zeitgeschichte, München

Gw 03.03, Urteil Otto Pfrang, 7. 4. 1949.

MF 260, 5/344-1/2, Brief Wurm an den außenpolitischen Berater der US-Regierung, J. F. Dulles, CND, 22. 10. 1948.

Edierte Quellen

Deutsches Reich, Reichstag (Hrsg.), Verhandlungen des Reichstags. I. Wahlperiode 1920 (Anlagen zu den Stenographischen Berichten, Bd. 368), Berlin 1924.

International Military Tribunal (Hrsg.), Trial of the Major War Criminals before the International Military Tribunal ("Blue Series"), Bd. 1–42, Nürnberg 1949.

Nuernberg Military Tribunals (Hrsg.), Trials of War Criminals before the Nuernberg Military Tribunals under Control Council Law No. 10. Nuernberg October 1946– April 1949, Bd. 1–15, Washington, D.C. 1949–53.

United Nations War Crimes Commission (Hrsg.), Law Reports of Trials of War Criminals, Bd. 1–15, London 1947–49.

Franklin D. Roosevelt, Amerika und Deutschland 1936–1945. Auszüge aus Reden un Dokumenten, im Auftrag der Regierung der Vereinigten Staaten (Hrsg.), o. O., o. D.

Military Government Germany (Hrsg.), Military Government Gazette Germany. Twelfth Army Group Area of Control, No. 1 = Amtsblatt der Militärregierung Deutschland. Kontroll-Gebiet der zwölften Armeegruppe, Nr. 1, Hannover o. D.

Military Government Germany (Hrsg.), Military Government Germany. Supreme Commander's Area of Control. Proclamation, Laws, Ordinances and Notices. Directives and Instructions to German Police, o. O. 1944.

Onlineressourcen

(Alle Weblinks wurden zuletzt am 22. 4. 2024 aufgerufen und geprüft.)

Deklaration der Vereinten Nationen, 1. 1. 1942, https://avalon.law.yale.edu/20th_century/decade03.asp.

Deputy Judge Advocate's Office, 7708 War Crimes Group, European Command, APO 407, United States v. Jürgen Stroop et al., Case 12-2000, etc., Review and Recommendations for the Deputy Judge Advocate for War Crimes and Action by the Approving Authority, https://www.jewishvirtuallibrary.org/jsource/Holocaust/dachautrial/fs175.pdf.

Erklärung von St. James, 13. 1. 1942, https://www.jewishvirtuallibrary.org/the-declaration-of-st-james-s-palace-on-punishment-for-war-crimes.

Genfer Konvention, 27. 7. 1929, https://www.ris.bka.gv.at/ GeltendeFassung.wxe?Abfrage=Bundesnormen&Gesetzesnummer=10000191.

Haager Landkriegsordnung von 1907, https://www.uni-marburg.de/de/icwc/zentrum/pdfs/hlko1907.pdf.

Headquarters, Third US Army and Eastern Military District, Office of Judge Advocate, Review of Proceedings of General Military Court in the Case of United States vs. Martin Gottfried Weiss et al., https://

www.jewishvirtuallibrary.org/jsource/Holocaust/dachautrial/d3.pdf.

International Criminal Tribunal for the former Yugoslavia (ICTY), IT-94-1-T, 7.5.1997, Prosecutor vs. Duško Tadić aka "DULE", Opinion and Judgement, https://www.icty.org/x/cases/tadic/tjug/en/tad-tsj70507JT2-e.pdf.

Moskauer Deklaration, 30.10.1943, https://www.ibiblio.org/pha/policy/1943/431000a.html.

United States Army, European Command, Deputy Judge Advocate for War Crimes, Clio E. Straight, Report of the Deputy Judge Advocate for War Crimes. June 1944–July 1948, https://tile.loc.gov/storage-services/service/ll/llmlp/report-deputy-JA-war-crimes/report-deputy-JA-war-crimes.pdf.

Rechtsdokumente

Internationales Übereinkommen zur Bekämpfung terroristischer Bombenanschläge, 26.1.1998, in: Bundesgesetzblatt II [2002], Nr. 38, S. 2507–2518.

Journal officiel de la République française. Lois et décrets [1946], Nr. 4.

Journal officiel de la République française. Lois et décrets [1947], Nr. 86.

Literatur

Arendt, Hannah, Eichmann in Jerusalem. Ein Bericht von der Banalität des Bösen, Neuausgabe, München 1986.

Barthe, Christoph, Joint Criminal Enterprise (JCE). Ein (originär) völkerstrafrechtliches Haftungsmodell mit Zukunft? (Schriften zum internationalen und ausländischen Strafrecht, Bd. 1), Berlin 2009.

Bryant, Michael, Die US-amerikanischen Militärgerichtsprozesse gegen SS-Personal, Ärzte und Kapos des KZ Dachau 1945–1948, in: Eiber, Ludwig/Sigel, Robert (Hrsg.), Dachauer Prozesse. NS-Verbrechen vor amerikanischen Militärgerichten in Dachau 1945–1948. Verfahren, Ergebnisse, Nachwirkungen (Dachauer Symposien zur Zeitgeschichte, Bd. 7), Göttingen 2007, S. 109–125.

Burghardt, Boris, Die Vorgesetztenverantwortlichkeit nach Völkerstrafrecht und deutschem Recht (§ 4 VStGB), in: Zeitschrift für Internationale Strafrechtsdogmatik 5 (2010) 11, S. 695–711.

Czech, Danuta, Kalendarium der Ereignisse im Konzentrationslager Auschwitz-Birkenau 1939–1945, Reinbek 1989.

Diner, Dan, Kreisläufe. Nationalsozialismus und Gedächtnis, Berlin 1995.

Dreßen, Willi, Die Zentrale Stelle der Landesjustizverwaltungen zur Aufklärung von NS-Verbrechen in Ludwigsburg, in: Benz, Wolfgang/Distel, Barbara (Hrsg.), Dachauer Hefte. Studien und Dokumente zur Geschichte der nationalsozialistischen Konzentrationslager, Erinnern oder Verweigern. Das schwierige Thema Nationalsozialismus, Bd. 6, Dachau 1990, S. 85–93.

Eiber, Ludwig/Sigel, Robert (Hrsg.), Dachauer Prozesse. NS-Verbrechen vor amerikanischen Militärgerichten in Dachau 1945–1948. Verfahren, Ergebnisse, Nachwirkungen (Dachauer Symposien zur Zeitgeschichte, Bd. 7), Göttingen 2007.

Eichmüller, Andrea, Die Verfolgung von NS-Verbrechen durch westdeutsche Justizbehörden seit 1945. Inventarisierung und Teilverfilmung der Verfahrensakten. Ein neues Projekt des Instituts für Zeitgeschichte, in: Vierteljahrshefte für Zeitgeschichte 50 (2002) 3, S. 507–516.

Form, Wolfgang, Deutschland, die Alliierten und die Ahndung von Kriegsverbrechen nach dem Ersten Weltkrieg, in: Gornig, Gilbert/Michel, Adrianna (Hrsg.), Der Erste Weltkrieg und seine Folgen für das Zusammenleben der Völker in Mittel- und Ostmitteleuropa, Teil 1 (Staats- und völkerrechtliche Abhandlungen der Studiengruppe für Politik und Völkerrecht, Bd. 32), Berlin 2017, S. 181–213.

Form, Wolfgang, Die Ahndung von Kriegs- und NS-Verbrechen in den westlichen Besatzungszonen Deutschlands nach dem Zweiten Weltkrieg, in: KZ-Gedenkstätte Neuengamme (Hrsg.), Alliierte Prozesse und NS-Verbrechen, Beiträge zur Geschichte der nationalsozialistischen Verfolgung in Norddeutschland, Bd. 19, Bremen 2020, S. 12–27.

Fritz, Peter, Das alliierte Kontrollsystem in Österreich, in: Karner, Stefan/Stangler, Gottfried (Hrsg.), Der österreichische Staatsvertrag 1955. Beitragsband zur Ausstellung auf Schloss Schallaburg 2005 (Katalog des Niederösterreichischen Landesmuseums, N.F. 457), Wien 2005, S. 88–94.

Greene, Joshua, Justice at Dachau. The Trials of an American Prosecutor, New York 2003.

Gruner, Martin, Verurteilt in Dachau. Der Prozess gegen den KZ-Kommandanten Alex Piorkowski vor einem US-Militärgericht, Augsburg 2008.

Haan, Verena, Joint Criminal Enterprise. Die Entwicklung einer mittäterschaftlichen Zurechnungsfigur im Völkerstrafrecht (Schriften zum Völkerrecht, Bd. 179), Berlin 2008.

Hall, Kevin T., Downed American Flyers: Forgotten Casualties of Axis Atrocities in World War II., in: Journal of Perpetrator Research 4 (2021), S. 192–221.

Hammermann, Gabriele, Das Internierungslager Dachau 1945–1948, in: Benz, Wolfgang/Distel,

Barbara (Hrsg.), Dachauer Hefte. Studien und Dokumente zur Geschichte der nationalsozialistischen Konzentrationslager, Zwischen Befreiung und Verdrängung, Bd. 19, Dachau 2003, S. 48–70.

Hammermann, Gabriele, Verteidigungsstrategien der Beschuldigten in den Dachauer Prozessen und im Internierungslager Dachau, in: Eiber, Ludwig/Sigel, Robert (Hrsg.), Dachauer Prozesse. NS-Verbrechen vor amerikanischen Militärgerichten in Dachau 1945–1948. Verfahren, Ergebnisse, Nachwirkungen (Dachauer Symposien zur Zeitgeschichte, Bd. 7), Göttingen 2007, S. 86–108.

Hankel, Gerd, Die Leipziger Prozesse. Deutsche Kriegsverbrechen und ihre strafrechtliche Verfolgung nach dem Ersten Weltkrieg, Hamburg 2003.

Hassel, Katrin, Kriegsverbrechen vor Gericht. Die Kriegsverbrecherprozesse vor Militärgerichten in der britischen Zone unter dem Royal Warrant vom 18. Juni 1945 (1945–1949) (Studien zur Geschichte des Völkerrechts, Bd. 19), Baden-Baden 2009.

Heberer, Patricia/Matthäus, Jürgen (Hrsg.), Atrocities on Trial. Historical Perspectives on the Politics of Prosecuting War Crimes, Lincoln 2008.

Hoffmann, Georg, Fliegerlynchjustiz. Gewalt gegen abgeschossene alliierte Flugzeugbesatzungen 1943–1945 (Krieg in der Geschichte, Bd. 88), Paderborn 2015.

Hoffmann, Georg, Flyer Cases. Britische und amerikanische Militärgerichtsverfahren zur Ahndung von Verbrechen an alliierten Flugzeugbesatzungen (1945–1948), in: KZ-Gedenkstätte Neuengamme (Hrsg.), Alliierte Prozesse und NS-Verbrechen, Beiträge zur Geschichte der nationalsozialistischen Verfolgung in Norddeutschland, Bd. 19, Bremen 2020, S. 81–92.

Jardim, Tomaz, Ilse Koch on Trial. Making the "Bitch of Buchenwald", Cambridge 2023.

Jardim, Tomaz, The Mauthausen Trial: American Military Justice in Germany, Cambridge 2012.

Karný, Miroslav, Waffen-SS und Konzentrationslager, in: Herbert, Ulrich/Orth, Karin/Dieckmann, Christoph (Hrsg.), Die nationalsozialistischen Konzentrationslager. Entwicklung und Struktur, Bd. 2, Göttingen 1998, S. 787–799.

Kimmel, Günther, Das Konzentrationslager Dachau. Eine Studie zu den nationalsozialistischen Gewaltverbrechen, in: Broszat, Martin/Fröhlich, Elke (Hrsg.), Bayern in der NS-Zeit. Herrschaft und Gesellschaft im Konflikt, Bd. 2, München 1979, S. 349–413.

Klee, Ernst, Das Personenlexikon zum Dritten Reich. Wer war was vor und nach 1945?, Frankfurt a. M. 2003.

Lemmes, Fabian, Arbeiten in Hitlers Europa. Die Organisation Todt in Frankreich und Italien 1940–1945 (Industrielle Welt, Bd. 96), Köln/Weimar/Wien 2021.

Lessing, Holger, Der erste Dachauer Prozess (1945/46) (Fundamenta juridica, Bd. 21), Baden-Baden 1993.

Löffelsender, Michael, "A particularly unique role among concentration camps". Der Dachauer Dora-Prozess 1947, in: Kramer, Helmut/Uhl, Karsten/Wagner, Jens-Christian (Hrsg.), Zwangsarbeit im Nationalsozialismus und die Rolle der Justiz – Täterschaft, Nachkriegsprozesse und die Auseinandersetzung um Entschädigungsleistungen (Nordhäuser Hochschultexte, Allgemeine Schriftenreihe, Bd. 1), Nordhausen 2007, S. 152–169.

Melber, Takuma, Pearl Harbor. Japans Angriff und der Kriegseintritt der USA, München 2016.

Mevis, Paul, „Hang the Kaiser!": Prozessmöglichkeiten und rechtliche Verantwortung nach Artikel 227 und Artikel 228 des Versailler Vertrags, in: Gornig, Gilbert/Michel, Adrianna (Hrsg.), Der Erste Weltkrieg und seine Folgen für das Zusammenleben der Völker in Mittel- und Ostmitteleuropa, Teil 1 (Staats- und völkerrechtliche Abhandlungen der Studiengruppe für Politik und Völkerrecht, Bd. 32), Berlin 2017, S. 215–237.

Miquel, Marc von, Juristen: Richter in eigener Sache, in: Frei, Norbert (Hrsg.), Karrieren im Zwielicht. Hitlers Eliten nach 1945, 2. Aufl., Frankfurt a. M. 2004, S. 165–218.

Mix, Andreas, Der Internationale Militärgerichtshof und die Nürnberger Nachfolgeprozesse, in: Heitzer, Enrico et al. (Hrsg.), Im Schatten von Nürnberg. Transnationale Ahndung von NS-Verbrechen (Forschungsbeiträge und Materialien der Stiftung Brandenburgische Gedenkstätten, Bd. 25), Berlin 2019, S. 58–67.

Möller, Reimer, Betreuungsarbeit „in aller Stille": Die Zentrale Rechtsschutzstelle in Bonn und der „Ausschuss der Hamburger Werl-Verteidiger", in: KZ-Gedenkstätte Neuengamme (Hrsg.), Alliierte

Prozesse und NS-Verbrechen, Beiträge zur Geschichte der nationalsozialistischen Verfolgung in Norddeutschland, Bd. 19, Bremen 2020, S. 185–197.

Nerdinger, Winfried (Hrsg.), 100 Jahre Deutscher Werkbund 1907/2007, München/Berlin 2007.

Niethammer, Lutz, Die Mitläuferfabrik. Die Entnazifizierung am Beispiel Bayerns, Berlin/Bonn 1982.

Nora, Pierre, Between Memory and History: Les Lieux de Mémoire, in: Representations, Sonderheft: Memory and Counter-Memory 26 (1989), S. 7–24.

Orth, Karin, Egon Zill – ein typischer Vertreter der Konzentrationslager-SS, in: Mallmann, Klaus-Michael/Paul, Gerhard (Hrsg.), Karrieren der Gewalt. Nationalsozialistische Täterbiographien (Veröffentlichungen der Forschungsstelle Ludwigsburg der Universität Stuttgart, Bd. 2), Darmstadt 2004, S. 264–273.

Pendaries, Yveline, Les procès de Rastatt (1946–1954). Le jugement des crimes de guerre en zone française d'occupation en Allemagne, Bern et al. 1995.

Pöpken, Christian, Vergangenheitspolitik durch Strafrecht. Der Oberste Gerichtshof der Britischen Zone und die Ahndung von Verbrechen gegen die Menschlichkeit (Historische Grundlagen der Moderne, Bd. 19, Historische Demokratieforschung), Baden-Baden 2021.

Priemel, Kim C./Stiller, Alexa (Hrsg.), NMT. Die Nürnberger Militärtribunale zwischen Geschichte, Gerechtigkeit und Rechtsschöpfung, Hamburg 2013.

Rabl, Christian, Mauthausen vor Gericht. Nachkriegsprozesse im internationalen Vergleich, Wien 2019.

Raim, Edith, Westdeutsche Ermittlungen und Prozesse zum KZ Dachau und seinen Außenlagern, in: Eiber, Ludwig/Sigel, Robert (Hrsg.), Dachauer Prozesse. NS-Verbrechen vor amerikanischen Militärgerichten in Dachau 1945–1948. Verfahren, Ergebnisse, Nachwirkungen (Dachauer Symposien zur Zeitgeschichte, Bd. 7), Göttingen 2007, S. 210–236.

Rauchensteiner, Manfried, Der Sonderfall. Die Besatzungszeit in Österreich 1945 bis 1955, ND Graz 1995.

Reel, Frank A., The Case of General Yamashita, Chicago 1949.

Remy, Steven P., The Malmedy Massacre. The War Crimes Trial Controversy, Cambridge 2017.

Renz, Werner, Fritz Bauer und das Versagen der Justiz. Nazi-Prozesse und ihre „Tragödie", Hamburg 2015.

Schuster, Armin, Die Entnazifizierung in Hessen 1945–1954. Vergangenheitspolitik in der Nachkriegszeit (Vorgeschichte und Geschichte des Parlamentarismus in Hessen, Bd. 29/Veröffentlichungen der Historischen Kommission für Nassau, Bd. 66), Wiesbaden 1999.

Schwengler, Walter, Völkerrecht, Versailler Vertrag und Auslieferungsfrage. Die Strafverfolgung wegen Kriegsverbrechen als Problem des Friedensschlusses 1919/20 (Beiträge zur Militär- und Kriegsgeschichte, Bd. 24), Stuttgart 1982.

Sigel, Robert, Im Interesse der Gerechtigkeit. Die Dachauer Kriegsverbrecherprozesse 1945–1948, Frankfurt a. M./New York 1992.

Stiepani, Ute, Die Dachauer Prozesse und ihre Bedeutung im Rahmen der alliierten Strafverfolgung von NS-Verbrechen, in: Ueberschär, Gerd R. (Hrsg.), Der Nationalsozialismus vor Gericht. Die alliierten Prozesse gegen Kriegsverbrecher und Soldaten 1943-1952, Frankfurt a. M. 1999, S. 227–239.

Totani, Yuma, Justice in Asia and the Pacific Region, 1945–1952. Allied War Crimes Prosecutions, New York 2015.

Ueberschär, Gerd R., Ausgewählte Dokumente und Übersichten zu den alliierten Nachkriegsprozessen, in: ders. (Hrsg.), Nationalsozialismus vor Gericht. Die alliierten Prozesse gegen Kriegsverbrecher und Soldaten 1943–1952, Frankfurt a. M. 1999, S. 277–302.

United Nations War Crimes Commission (Hrsg.), History of the United Nations War Crimes Commission and the Development of the Laws of War, London 1948.

Vollnhals, Clemens, Entnazifizierung. Politische Säuberung und Rehabilitierung in den vier Besatzungszonen 1945–1949, München 1991.

Wachsmann, Nikolaus, KL. Die Geschichte der nationalsozialistischen Konzentrationslager, München 2016.

Weinke, Anette, Eine Gesellschaft ermittelt gegen sich selbst. Die Geschichte der Zentralen Stelle Ludwigsburg 1958–2008 (Veröffentlichungen der Forschungsstelle

Ludwigsburg der Universität Stuttgart, Bd. 13), Darmstadt 2008.

Yavnai, Lisa, U.S. Army War Crimes Trials in Germany, 1945–1947, in: Heberer, Patricia/Matthäus, Jürgen (Hrsg.), Atrocities on Trial. Historical Perspectives on the Politics of Prosecuting War Crimes, Lincoln 2008, S. 49–74.

Zámečník, Stanislav, Das war Dachau, Luxemburg 2002.

Zarusky, Jürgen, „That is not the American Way of Fighting". Die Erschießungen gefangener SS-Leute bei der Befreiung des KZ Dachau, in: Benz, Wolfgang/Distel, Barbara (Hrsg.), Dachauer Hefte. Studien und Dokumente zur Geschichte der nationalsozialistischen Konzentrationslager, Gericht und Gerechtigkeit, Bd. 13, Dachau 1997, S. 27–55.

Zarusky, Jürgen, Die juristische Aufarbeitung der KZ-Verbrechen, in: Benz, Wolfgang/Distel, Barbara (Hrsg.), Der Ort des Terrors. Die Geschichte der nationalsozialistischen Konzentrationslager, Bd. 1: Die Organisation des Terrors, München 2005, S. 345–362.

Zentrale Stelle der Landesjustizverwaltungen zur Aufklärung nationalsozialistischer Verbrechen, Ludwigsburg, Leitender Oberstaatsanwalt Jens Rommel (Hrsg.), 60 Jahre Zentrale Stelle in Ludwigsburg, Ludwigsburg 2018 [Broschüre].

Websites

Alle Weblinks wurden zuletzt am 22.4.2024 aufgerufen und geprüft.

A group of Cambodian jurists (Hrsg.), People's Revolutionary Tribunal held in Phnom Penh for the trial of the Genocide crime of the Pol Pot-Ieng Sary Clique (August – 1979), Phnom Penh 1988, https://archive.org/details/revtribunalpolpot/mode/2up.

Holocaust Education & Archive Research Team, Klaus Barbie. The Butcher of Lyon, http://www.holocaustresearchproject.org/nazioccupation/barbie.html.

Residual Special Court for Sierra Leone (RSCSL), http://www.rscsl.org/.

Tribunal de Recurso de Timor-Leste, https://www.tribunais.tl/.

Website International Criminal Court (ICC), https://www.icc-cpi.int/.

Zeitungsartikel

Süddeutsche Zeitung, 3.2.1948, „Der erste deutsche KZ-Prozeß" [Kopie, Sammlung von Edith Raim].

Süddeutsche Zeitung, Nr. 287, 11.12.2020, Interview mit Robert Sigel, „Die Aufklärung über die verbrecherische Vergangenheit ist misslungen", R2 (München).

Ausstellungsimpressum

„Dachauer Prozesse – Verbrechen, Verfahren und Verantwortung"
Eine Ausstellung der KZ-Gedenkstätte Dachau

Gesamtleitung: Dr. Gabriele Hammermann

Projektleitung: Dr. habil. Christoph Thonfeld

Projektkoordination: Dr. Christian Schölzel

Konzeption: Dr. habil. Christoph Thonfeld, Dr. Christian Schölzel, Dr. Gabriele Hammermann

Beratung: Prof. em. Hans Wilderotter

Wissenschaftliche Mitarbeit und Recherche: Timm C. Richter, Percy Herrmann, Dr. Andrea Riedle, Yvonne Schäfers, Lukas Bartl

Texte Ausstellung: Timm C. Richter, Dr. habil. Christoph Thonfeld, Dr. Christian Schölzel, Percy Herrmann

Lektorat: Boris Heczko

Übersetzungen: Paul Bowman, Prof. em. Hans Wilderotter

Leihgeber: Bayerische Bereitschaftspolizei, Dachau; Bundesgerichtshof, Karlsruhe – Bibliothek; Imperial War Museum, London; KZ-Gedenkstätte Neuengamme; Simon und Lisa Gobmeier und Tobias Hofer, München/Berlin; Stiftung Gedenkstätten Buchenwald und Mittelbau-Dora, Weimar; United States Holocaust Memorial Museum, Washington; University of Idaho, Library Special Collections and Archives, Moscow, Idaho.

Leihverkehr: Timm C. Richter, Percy Herrmann

Archiv und Sammlung: Anja Henschel, Alex Pearman, Andre Scharf

Exponatrestaurierung und -präsentation: Ernst Bielefeld, Alfred Stemp

Reproduktionen: Karsten Moll

Konzept und Texte Medienstationen: Timm C. Richter, Dr. habil. Christoph Thonfeld, Dr. Christian Schölzel

Konzept und Texte für QR-Codes: Percy Herrmann, Timm C. Richter, Dr. habil. Christoph Thonfeld, Dr. Christian Schölzel

Ausstellungsdesign und Grafik: Impuls-Design GmbH, Erlangen: Sven Klomp, Carolin Claudia Töllner, Franziska Rast, Anne Heinrich, Ezequiel Torea

Medienbearbeitung: Andreas Dihm

Ausstellungsbau: ATiC interior, Hamburg

Beleuchtung: ERCO Leuchten GmbH: Sebastian Pankofer

Förderung: Stiftung Bayerische Gedenkstätten, Bayerisches Staatsministerium für Unterricht und Kultus, Die Beauftragte des Bundes für Kultur und Medien, Council on Library and Information Resources, Alexandria, VA / USA.

Die KZ-Gedenkstätte Dachau ist bemüht, alle Inhaberinnen und Inhaber von Rechten am ausgestellten Material zu ermitteln. Etwaige Inhaberinnen und Inhaber von nicht berücksichtigten Rechtsansprüchen werden gebeten, sich an die KZ-Gedenkstätte Dachau zu wenden.